INTERPRETATIONEN DEUTSCH

W0204888

FRANK WEDEKIND

Frühlings Erwachen

Interpretiert von
Klaus Gladiator

STARK

Bildnachweis
Titelbild: Benjamin Mährlein als Melchior und Elisabeth Müller als Wendla in Christine Eders Inszenierung von „Frühlings Erwachen" am Münchner Volkstheater aus dem Jahre 2006.
Foto: © Arno Declair
S. 3, 15, 16, 85, 101: Monacensia. Literaturarchiv und Bibliothek München
S. 9: © Cinetext/Ziebe
S. 33, 36, 41, 62, 75, 78: © Arno Declair
S. 34, 54, 64, 72, 105: © U. Reimer, Theater Frankfurt: Theater im Schuppen e. V., Frankfurt an der Oder (www.theater-ff.de)
S. 51, 53: www.visipix.com
S. 59: © 2007 Clemens Eulig / Junges Theater Göttingen

ISBN 978-3-89449-971-6

www.stark-verlag.de
1. Auflage 2007

Inhalt

Vorwort

Einführung ... 1

Biografie und Entstehungsgeschichte ... 3

1 Biografie ... 3

2 Zur Entstehungsgeschichte des Stücks ... 13

Inhaltsangabe ... 17

Textanalyse und Interpretation ... 31

1 Struktur des Stücks ... 31

2 Figuren ... 37

3 Zentrale Themen und Motive ... 53

4 Die Form des Dramas: Tragödie, Tragikomödie, Komödie? ... 69

5 Die sprachliche Bandbreite des Stücks ... 77

6 Interpretation von Schlüsselstellen ... 88

Wirkungsgeschichte und literaturgeschichtliche Zuordnung ... 101

Literaturhinweise ... 108

Anmerkungen ... 109

Autor: Dr. Klaus Gladiator

Vorwort

Liebe Schülerin, lieber Schüler,

der Untertitel von Frank Wedekinds erstem bedeutenden Titel *Frühlings Erwachen*, „Eine Kindertragödie", lässt erwarten, dass es die Tragik von Kinderschicksalen ist, welche das Stück prägen. Dies trifft jedoch nur zum Teil zu. Wedekind ist es vielmehr darum gegangen, in seinem Stück auch „den Humor zur Geltung zu bringen [...] und das Leidenschaftliche zu dämpfen"[1]. Darüber hinaus ist natürlich die grimmige gesellschaftskritische Tendenz von *Frühlings Erwachen* nicht zu übersehen.

Im Mittelpunkt stehen die Erwartungen, Sehnsüchte und Lebensphilosophien junger Menschen. Dies alles macht eine Begegnung mit dem Werk auch heute noch interessant, auch wenn sich die Zeitumstände – zumindest äußerlich – seit dem Erscheinungsjahr 1891 deutlich geändert haben.

Diese *Interpretationshilfe* hat vor allem den Zweck, den Blick für die verschiedenen Aussageebenen des Stücks zu öffnen, auf literarische Anspielungen zu verweisen, den dramengeschichtlichen Standort des Werks deutlich zu machen und, nicht zuletzt, zu zeigen, dass Wedekind mit *Frühlings Erwac*hen den extremen Verhaltensweisen seiner Figuren die Utopie eines ‚normalen' Lebens gegenüberstellen wollte.

Nach der Biografie des Autors, der Entstehungsgeschichte des Werks und einem Überblick über den Verlauf der Dramenhandlung in den einleitenden Kapiteln stehen im Hauptteil des Buchs die Struktur des Stücks, die Figurenkonstellation, sprachlich-stilistische Konturen sowie zentrale inhaltliche Aspekte im Vordergrund.

Wie einzelne Szenen genauer erschlossen und gedeutet werden können, wird durch die Interpretation von zwei Schlüsselstellen vorgeführt.

Einige Bemerkungen zu den Besonderheiten der bei diesem Drama sehr interessanten, teilweise auch turbulenten Rezeptionsgeschichte, eine literaturgeschichtliche Zuordnung sowie Hinweise auf weiterführende Literatur schließen den Band ab.

Worterklärungen finden sich am Ende der zugrunde gelegten Ausgabe des Textes (Reclams Universal Bibliothek, Band 7951, durchgesehene Ausgabe 2000, S. 83–100).

Klaus Gladiator

Einführung

Die „Kindertragödie" *Frühlings Erwachen* handelt von der **Gefühlswelt und inneren Einstellung von jungen Menschen**, die sich in einem ungemein wichtigen Abschnitt ihres Lebens befinden. Es ist der Lebensabschnitt, in dem sich sowohl entscheidende biologische Veränderungen vollziehen als auch bedeutende Entwicklungsschritte in Richtung auf die endgültige Ausprägung des Charakters und der intellektuellen Fähigkeiten. In diesem Lebensabschnitt sind die Heranwachsenden oft von großer innerer (und in der Folge auch äußerer) Unruhe erfüllt, extrovertiertes Bemühen um Anerkennung und Profil ist ebenso häufig zu beobachten wie Verschlossenheit und Scheu vor Kontakten. In jedem Fall streben sie aber – bewusst oder unbewusst – danach, ihren Interessen und der Erfüllung ihrer Wünsche und Sehnsüchte selbstständiger, freier nachgehen zu können als im bisherigen Verlauf ihres Lebens.

Genau an diesem Punkt setzt Wedekind mit seinem Drama an: Er zeigt in seinen 19 locker gefügten, aber innerhalb bestimmter Entwicklungslinien dennoch konsequent aufeinander bezogenen Szenen (vgl. *Interpretationshilfe* S. 31 ff.), wie sehr die Jugendlichen auf der einen Seite mit ihren Problemen allein gelassen werden, wie stark sie aber andererseits durch eine rigide, kurzsichtige und egoistische Erziehung daran gehindert werden, sich freier zu entfalten. Wedekind gibt Einblick in Familien und öffentliche Erziehungseinrichtungen – Gymnasium, Korrekturanstalt – und demonstriert, welche Rolle die Jugendlichen aus der Sicht der meisten Erwachsenen zu spielen haben und wie die jungen Leute auf diese Erwartungen, Verpflichtungen und Verweigerungen reagieren. Die dabei deutlich werdenden Frustrationen reichen aber nicht aus, um die Fantasie und den Witz zu ersticken, der für diese Altersstufe so kennzeichnend ist.

Der Autor kritisiert, teilweise höchst ironisch, die spießigen Moral- und Erziehungsvorstellungen der Erwachsenen, aber er gibt keine Ratschläge. Am Schluss steht jedoch eine Vision, eine **Utopie** eines vernünftigeren und freieren Lebens, die die Überzeugungen des Autors Wedekind widerspiegelt.

Die Probleme und Schicksale von Heranwachsenden, zumal wenn die **Schule** dabei eine Rolle spielt, sind **in der neueren deutschsprachigen Literatur** mehrfach aufgegriffen worden. Die bekanntesten dieser Werke sind *Die Verwirrungen des Zöglings Törleß* (1906) von Robert Musil, *Unterm Rad* (1906) von Hermann Hesse, das letzte Kapitel der *Buddenbrooks* (1901) von Thomas Mann, *Jakob von Gunten* (1908) von Robert Walser und die „Traumdichtung" *Hanneles Himmelfahrt* (1893) von Gerhart Hauptmann. Keines dieser Werke hat bei seinem Erscheinen so viele Proteste ausgelöst, aber auch so spontane Zustimmung gefunden wie *Frühlings Erwachen* (vgl. auch *Interpretationshilfe* S. 101 ff.). Das lag daran, dass ein bis dahin tabuisiertes Thema, die Sexualität bei Heranwachsenden, das Bühnengeschehen bestimmte. Dies ging vielen Kritikern, Theaterbesuchern und Lesern zu weit, andere hingegen waren begeistert, dass endlich ein Dramatiker den Mut aufbrachte, mit dem Tabu zu brechen.

In unseren Tagen, also circa 100 Jahre nach der Uraufführung, hat sich die Aufregung längst gelegt. Das Stück wird aber nach wie vor gespielt, vor allem auch Schülerbühnen versuchen sich daran. Auch wenn die Handlung in mancher Hinsicht nicht mehr ganz aktuell ist, lässt sich nicht leugnen, dass gewisse Grundmuster der Einstellung und des Verhaltens – sowohl bei den Jugendlichen als auch bei den Erwachsenen – heute nicht anders sind als 1891 oder 1906. *Frühlings Erwachen* wird daher nach wie vor Interesse und lebhafte Diskussionen hervorrufen, nicht zuletzt aber auch durch seine Komik überzeugen.

Biografie und Entstehungsgeschichte

1 Biografie

Frank Wedekind (Benjamin Franklin Wedekind) wurde als zweites von sechs Kindern des Arztes und späteren politischen Journalisten Friedrich Wilhelm Wedekind und seiner Frau Emilie, geb. Kammerer, am 24. Juli 1864 in **Hannover** geboren. Ebenso wie seine Brüder Armin, William Lincoln und Donald blieb Frank ungetauft, denn dem regimekritischen Vater lag daran, möglichst wenig Spuren in reichsdeutschen Amtsregistern zu hinterlassen. Die Schwestern Frieda Marianne Erika und Emilie wurden auf ausdrücklichen Wunsch der Mutter getauft. 1872 siedelte die Familie in die Burg Lenzburg im schweizerischen Kanton **Aargau** über. Dem Vater hatte die politische Entwicklung in Deutschland (1871: nationale Einigung, Kaiserreich unter der Führung Preußens) zunehmend missfallen; in der ruhigen Schweiz konnte er sich seinen kulturellen Neigungen und den ständig anfallenden Arbeiten an der Burg ohne Hast widmen. Das Leben in der Familie blieb, wie aufgrund des großen Altersunterschieds von 24 Jahren zwischen den Eheleuten nicht anders zu erwarten, nicht ohne Spannungen. Konflikte wurden jedoch offen ausgetragen, wobei die Entscheidungsfreiheit des Anderen jeweils respektiert wurde. Diese grundsätzliche Bereitschaft zur Toleranz wirkte sich denkbar positiv auf die Kinder aus. Sie konnten ihre Anlagen entfalten, da ihrer angeborenen Vitalität keine allzu engen Grenzen gesetzt wurden. Nicht umsonst sah der erwachsene Frank Wedekind die Einengung der Persönlichkeit durch institutionelle oder angemaßte Macht als besonders verwerflich an.[2]

Die Schule hatte für ihn, anders als man nach der Lektüre von *Frühlings Erwachen* glauben möchte, keine sehr große Bedeutung. Er war **ein eher mittelmäßiger Schüler**, musste sogar die zweite Gymnasialklasse wiederholen, schaffte aber das Abitur am Gymnasium Aarau 1884 ohne große Probleme. In den geisteswissenschaftlichen Fächern, etwa Deutsch und Geschichte, waren seine Zensuren gut bis sehr gut, während die Bilanz in Mathematik und den naturwissenschaftlichen Fächern sehr mäßig ausfiel. Schon während seiner Schulzeit beschäftigte sich Frank Wedekind eingehend mit ethischen und religiösen Problemen, angeregt und gefördert durch einige Lehrer am Gymnasium, beispielsweise den späteren Züricher Literaturhistoriker Adolf Frey, sowie durch Professor Uphues, einen Korrespondenzpartner des Philosophen Eduard von Hartmann. Große Bedeutung für Wedekinds geistige Entwicklung hatte auch „Tante Plümacher", eine Freundin seiner Mutter, mit der er viele Jahre einen regen und für ihn sehr fruchtbaren Gedankenaustausch pflegte. Im Mittelpunkt seiner Überlegungen standen **Gedanken zum Egoismus des Menschen**. Wedekind vertrat die Meinung (etwa in einem Aufsatz kurz vor dem Abitur), niemand tue etwas ohne angemessene Belohnung, auch wenn entsprechende Wünsche nach außen hin überhaupt nicht in Erscheinung träten, sondern hinter scheinbarer Selbstlosigkeit verborgen blieben. Die Fixierung auf den Aspekt des Egoismus als einer Grundeigenschaft des Menschen macht deutlich, dass ein Hang zum

Pessimismus schon verhältnismäßig früh das Menschenbild Wedekinds bestimmte. Auf der anderen Seite stand aber ein ausgeprägtes Faible für die schönen Seiten des Lebens, für einen ausgesprochenen Lebensgenuss. Diese beiden Komponenten seines Wesens sollten richtungsweisend für sein Leben und für sein Werk werden.

Erste schriftstellerische Versuche auf diesem Gebiet unternahm Wedekind bereits als Schüler. Neben einer Anzahl von Gedichten, an denen nicht selten ein ironischer Grundton auffiel, schrieb er ein Kinderepos für seine Schwester Emilie (*Das Hänseken*, 1879), einige Szenen zum Vortrag in der Aarauer Schülerkneipe (darunter *Felix und Galathee*, 1881) sowie *Das Gastmahl des Sokrates*, ein nicht unfrivoles „Schauspiel für die gebildete Welt“ (1882).

Nach dem Abitur begann Wedekind zunächst ein breit gestreutes, wenig zielorientiertes **Studium** in Lausanne (Germanistik, französische Literatur), wandte sich aber auf Wunsch seines Vaters bald dem Jurastudium zu, und zwar **in München**. Mehr Aufmerksamkeit als die Inhalte der Jurisprudenz fanden bei ihm aber kulturgeschichtliche Vorlesungen sowie alles, was die Großstadt an kulturellen und geselligen (auch amourösen) Abwechslungen zu bieten hatte.

Seine literarische Produktivität wurde dadurch nur bedingt gefördert, immerhin bewirkten die zahlreichen Eindrücke vom Theater aber, dass er 1886 sein **erstes größeres Werk**, die Posse *Der Schnellmacher,* beenden konnte (Druck erst 1889, Uraufführung 1916!). Zwar schätzte Wedekind den Wert des Stücks nicht sehr hoch ein, doch veranlasste die Arbeit daran ihn offenbar zu dem Entschluss, sich ga nz der Schriftstellerei zu widmen. Dies stand in krassem Gegensatz zur Überzeugung seines Vaters, nach welcher zuerst materielle Unabhängigkeit gegeben sein müsse, bevor ein junger Mensch sich „idealen Zielen“ zuwenden könne. 1886 kam es zum Bruch mit dem Vater und zur Übersiedelung nach **Zürich**. In Lenzburg hatte sich Wedekind noch mit dem Lyriker **Karl Henckell** angefreundet und durch ihn sowie – bereits etwas früher – durch **Michael Georg Conrad** in München die Bestrebungen des Naturalismus beziehungsweise „Zolaismus" kennengelernt. (Conrad war die Schlüsselfigur der Münchner Moderne und galt als der lauteste Jünger des französischen Romanciers Emile Zola in Deutschland.) Diesen Bestrebungen stand Wedekind von Anfang an trotz seiner Freundschaft mit Henckell kritisch bis ablehnend gegenüber. Vorläufig blieb ihm jedoch nur wenig Zeit, sich mit literarischen Themen auseinanderzusetzen, denn er musste ja, nach dem Bruch mit dem Vater, für seinen Lebensunterhalt sorgen. Dies wurde ihm durch Henckell ermöglicht, der ihm 1887 eine Stelle als **Vorsteher des Reklame- und Pressebüros der Firma Maggi** in Kemptal bei Zürich vermittelte. Dort hielt er es aber nur sieben Monate aus, dann gab er die Arbeit auf und versuchte in der Folge, als **freier Journalist** tätig zu sein. Auf diese Weise glaubte er, wieder ehrgeizigere literarische Ziele verfolgen zu können. In Zürich verfasste er Beiträge für die *Neue Zürcher Zeitung,* so unter anderem den Essay *Der Witz und seine Sippe. Zirkusgedanken.* Darin stellte er in einem Vergleich von Trapez-Artistik und Hochseil-Artistik zwei Spielarten des Idealismus einander gegenüber. Der Trapez-Künstler verliert sein Gleichgewicht nur, wenn alle Stricke reißen, der Seiltänzer kann aber jeden Moment abstürzen, er muss sein Gleichgewicht ständig neu erkämpfen. Trapez-Künstler sind die „Wüstenprediger", „Säulenheiligen" und „politischen Schwärmer" sowie die Mehrzahl der Poeten: alle Menschen, die sich für eine „nackte Idee" begeistern können. Wenn ihnen der Halt genommen wird, also alle Stricke reißen, sind sie hoffnungslos verloren. Die anderen, die Hochseilartisten, sind gezwungen, sich an dem zu orientieren, was sie sehen und spüren. Das ist nicht viel und birgt Risiken in sich, ermöglicht es aber, Schwierigkeiten durch geschicktes praktisches Verhalten zu bewältigen. Wedekind selbst zog die zweite Spielart, den **„realpraktischen Idealismus"** vor, er schien ihm zeitgemäßer.

1887 entstanden außerdem noch einige unbedeutende Novellen sowie das dramatische Fragment *Elins Erweckung*. Durch Karl Henckell kamen Kontakte zum Kreis „Das junge Deutschland“ zustande, einer Vereinigung von Schriftstellern und Gelehrten, die sich im wilhelminischen Deutschland stark in ihrer Freiheit beschnitten fühlten. Wedekind lernte in diesem Kreis auch **Carl und Gerhart Hauptmann** kennen. Mit den naturalistischen Prinzipien Gerhart Hauptmanns konnte er sich nicht anfreunden, kam ihm aber immerhin menschlich nahe. Später jedoch musste er erleben, dass Hauptmann Familienszenen aus dem Hause Wedekind in sein Stück *Friedensfest* einbaute.

1888 nahm Wedekind für kurze Zeit das Jura-Studium wieder auf, nachdem er sich kurz vorher mit seinem Vater versöhnt hatte. Nach dem Tod des Vaters kehrte er nach Lenzburg zurück, doch hielt es den Unruhigen auch dort nicht lange. 1889 ging er für einige Monate nach **Berlin** und machte dort Bekanntschaft mit einigen bedeutenden Literaten, so unter anderem mit Otto Erich Hartleben. Doch wegen Passschwierigkeiten konnte er auch in Berlin nicht lange bleiben. Seine nächste Station war **München**, wo zunächst das Stück *Die junge Welt*, in dem er sich polemisch mit dem Naturalismus auseinandersetzte, entstand. Hier wurde er auch Mitglied der „Gesellschaft für modernes Leben“, der unter anderem Autoren wie Otto Julius Bierbaum, Oskar Panizza und Hanns von Gumpenberg angehörten.

München war auch die Stadt, in der Wedekind sein erstes wirklich bedeutendes Drama schuf: „**Frühlings Erwachen**“, das 1891 in Zürich als Buch erschien und dessen Uraufführung erst 1906 an den Berliner Kammerspielen möglich wurde. Für ein sorgenfreies Leben reichten die Einkünfte aus dem literarischen Schaffen immer noch nicht aus. Trotzdem wollte Wedekind freier Schriftsteller bleiben, zumal sein Anteil am Erbe seines Vaters ihm vorläufig über die drängendsten finanziellen Nöte hinweghalf.

Sein nächster, mit einigen Unterbrechungen bis 1895 gültiger Aufenthaltsort war die französische Metropole **Paris**. Hierher siedelte er 1891 über und fand dort das, was ihm München nicht in diesem Maße bieten konnte: das bunte Leben, den Charme und die Eleganz in den Straßencafés, in den Varietés, auf den Theaterbühnen und in den Zirkusarenen. Die in München angebahnte Freundschaft zu Willy Rudinoff und Richard Weinhöppel, zwei unkonventionellen und vielseitigen Künstlern, vertiefte sich in Paris; hinzu kamen zahlreiche andere Begegnungen in der Kulturszene. Wedekind stellte aber fest:

> *Wir kennen keine anderen Fragen und Probleme als solche, die unter Schriftstellern und Gelehrten auftauchen. Unser Gesichtskreis reicht über die Grenzen unserer Zunftinteressen nicht hinaus. Um wieder auf die Fährte einer großen gewaltigen Kunst zu gelangen, müßten wir uns möglichst viel unter Menschen bewegen, die nie in ihrem Leben ein Buch gelesen haben, denen die einfachsten animalischen Instinkte bei ihren Handlungen maßgebend sind …* [3]

Wedekinds spezielle Begeisterung galt in dieser Zeit dem Zirkus. Dort fand er eine „Rechtfertigung körperlicher Kunst gegenüber geistiger Kunst".[4] Ihren Niederschlag fand diese Begeisterung unter anderem in dem Unterhaltungsstück *Der Liebestrank* (1891 bis 1899) sowie in den Pantomimen *Die Flöhe*, *Der Mückenprinz* und *Bethel die Traberstute* (vgl. auch seine *Zirkusgedanken*). Doch auch die „große gewaltige Kunst" kam wieder zu ihrem Recht: Ab 1892 widmete sich Wedekind der Arbeit an einem dramatischen Werk mit dem Titel „**Die Büchse der Pandora**". Im Verlag von Albert Langen, den er während eines Zwischenaufenthalts in London kennengelernt hatte, erschien der erste Teil des Dramas 1899 unter dem Titel *Der Erdgeist.* Die Uraufführung fand bereits 1898 statt. 1902 kam der zweite Teil heraus, *Die Büchse der Pandora,* der 1904 uraufgeführt wurde. Gemeinsam wurden die beiden Stücke dann als „**Lulu-Tragödie**" bekannt.

Wie schon seinen bisherigen Werken blieb auch den beiden Lulu-Stücken ein schneller Erfolg versagt. Weder in **Berlin**, wohin Wedekind 1895 übersiedelte, noch in **München**, seinem nächsten Aufenthaltsort (ab 1896), bestand großes Interesse. Offenbar war nicht nur den normalen Theaterbesuchern, sondern auch der kulturellen Avantgarde die radikale Konsequenz, mit der Wedekind in der Lulu-Tragödie eine Moral der Vitalität und des Egoismus verkündete, zu weitgehend und zu unsozial.

„Lulu" in einer Inszenierung von Thomas Ostermeier an der Berliner Schaubühne aus dem Jahre 2004. Anne Tismer als Lulu und Gerd Böckmann als Dr. Franz Schöning

Da er von seinen Bühnenstücken immer noch nicht leben konnte, musste sich der Autor zusätzliche Betätigungen suchen. 1896 wurde er Mitarbeiter der satirischen Zeitschrift „**Simplizissimus**", in der Leipziger „Literarischen Gesellschaft" wurden ihm Lesungen von Gedichten und Szenen ermöglicht, und 1898 erhielt er schließlich am Ibsen-Theater in **Leipzig** ein Engagement als Sekretär, Schauspieler und Regisseur. Nachdem das Ensemble aber sehr bald auseinandergefallen war, kehrte Wedekind wieder nach **München** zurück und wurde am dortigen Schauspielhaus als **Dramaturg, Regisseur** und **Schauspieler** verpflichtet. Noch im Oktober 1898 erlebte er in der Rolle des Dr. Schön die Erstaufführung des Dramas *Der Erdgeist* in München.

Frank Wedekind, der als Autor nicht nur Dramen und – zum großen Teil satirische – Prosa schrieb, sondern auch häufig lyrische Texte und kabarettistische Lieder verfasste, wurde 1898 wegen **angeblicher Majestätsbeleidigung** in seinen Gedichten *Meerfahrt* und *Im heiligen Land* unter Anklage gestellt. Der Verhaftung entzog er sich durch Flucht nach **Zürich** und weiter nach **Paris**. In dieser Zeit entstand ein weiteres seiner großen Stücke, „**Der Marquis von Keith**", in dem Lebensleere, Überlebenstricks, Abhängigkeit der Kunst und andere gesellschaftsrelevante Themen einer kritischen und teilweise sehr schnoddrigen Betrachtung unterzogen wurden. Nach der Niederschrift des Stücks fuhr Wedekind nach **Leipzig**, stellte sich dort den Behörden und verbüßte nach der Hauptverhandlung vor dem Reichsgericht **sieben Monate Festungshaft** auf der Burg Königstein. Während dieser Monate schrieb er den Roman *Mine-Haha* und konnte die Uraufführung seines 1897 entstandenen Stücks *Der Kammersänger* zur Kenntnis nehmen. Nach der Entlassung im März 1900 kehrte Wedekind nach **München** zurück; dabei kam es bald zu Kontakten zu dem sozialkritischen Autor Max Halbe und seinem Kreis „Die Unterströmung" sowie zu dem Impressionisten Eduard von Keyserling.

Am 13. April 1902 begann in München eine neue Epoche der der literarischen Unterhaltung, denn an diesem Tag wurde in der Türkenstraße das **Kabarett „Die elf Scharfrichter"** eröffnet. Wedekind war in der Folge eines seiner herausragenden Mitglieder und trug mit seinen Bänkelliedern, Moritaten und Chansons wesentlich dazu bei, dass „Die elf Scharfrichter" bis zu ihrer Schließung Ende 1903 eines der bedeutendsten und weit über ihre Zeit hinauswirkenden politischen Kabaretts im deutschsprachigen Raum wurden.

Es kamen nun die Jahre, in denen der Dichter endlich größere **Erfolge** seines Schaffens verbuchen konnte. Dies galt für die Präsenz seiner Stücke auf verschiedenen deutschen Bühnen, aber auch für den Verkauf seiner Bücher und ganz besonders für sein Auftreten als Schauspieler in seinen eigenen Stücken. Dieser Aufgabe stellte er sich mit Nachdruck, insbesondere weil er merkte, dass viele andere Schauspieler den Rollen in seinen Werken nicht gewachsen waren. Um sich selbst unangenehme Überraschungen zu ersparen, nahm er sogar Unterricht bei dem Hofschauspieler Fritz Basil. Die großen Stücke *Erdgeist*, *Die Büchse der Pandora*, *Der Marquis von Keith* und 1906 endlich auch *Frühlings Erwachen* erlebten viel diskutierte und immer wieder auch scharf zensierte Aufführungen in Berlin, Nürnberg, München und Wien. Auch andere Stücke wurden gespielt – so *Hidalla* (1905), *So ist das Leben* (1902), *Totentanz* (1906) und *Musik* (1908) – und trugen dazu bei, dass Frank Wedekind zu einem viel beachteten, aber auch umstrittenen Autor und Schauspieler auf den deutschsprachigen Bühnen wurde. Einen nicht geringen Anteil daran hatte sicher auch die Schauspielerin **Tilly Newes** (beispielsweise 1905 als Lulu in Wien), die 1906 seine Frau wurde (die beiden Töchter Pamela und Kadidja wurden 1906 und 1911 geboren) und mit ihm im gleichen Jahr nach **Berlin** ging, wo die beiden unter anderem mit dem großen Regisseur **Max Reinhardt** zusammenarbeiteten. 1908 ging das Ehepaar (wieder einmal) nach **München** zurück. Bis zum Beginn des Ersten Weltkriegs wurden hier die Stücke *Die Zensur* (1909) und *Franziska* (1912), in Berlin *Simson* (1914) und in Wien *Der Stein der Weisen* (1911) uraufgeführt. Die Tatsache, dass 1914 in Berlin und München (dort allerdings abgebrochen) Wedekind-Zyklen veranstaltet wurden, lässt erkennen, wie hoch Wedekind inzwischen in der Gunst des Publikums und einer Reihe risikobereiter Regisseure gestiegen war. Daran konnten auch die immer wieder stattfindenden Versuche der Zensurbehörden nichts ändern, seine Stücke, Gedichte und Erzählungen von den Bühnen beziehungsweise aus den Buchläden zu verbannen. So stand etwa *Frühlings Erwachen* von 1910 bis 1912 auf der Verbotsliste, *Simson* durfte 1914 in München nicht aufgeführt werden, und das 1917 in Zürich uraufgeführte Stück *Schloss Wetterstein* war bis 1919 im Deutschen Reich und in Österreich verboten.

Die teilweise sehr direkte, pointiert antibürgerliche Art und Weise, mit der Wedekind zum Beispiel das Thema „Gesellschaft und Sexualität" behandelte, fand bei zahlreichen Repräsentanten des öffentlichen Lebens und des Kulturbetriebs oft nur wenig Verständnis. Zu seinem 50. Geburtstag (am 24. Juli 1914) erfuhr der Dichter trotz allem zahlreiche, auch öffentliche Würdigungen. Der **Kriegsausbruch** bewirkte bei ihm keine auffälligen öffentlichen Reaktionen. Das war schon erstaunlich, denn immerhin machte er aus seiner Sympathie für Kriegsgegner wie Heinrich Mann und Erich Mühsam kein Hehl. Im Interesse seiner Karriere ließ er sich jedoch sogar dazu herbei, 1916 zwei nationalistische Aufsätze im *Berliner Tagblatt* zu veröffentlichen und auf einer „Vaterländischen Feier" in den Münchner Kammerspielen zu sprechen. „Man muß mit den Wölfen heulen", äußerte er gegenüber Kurt Martens.[5]

Sein Hauptaugenmerk galt aber in den Kriegsjahren trotz eingeschränkter Gesundheit nach wie vor dem Theater. Es erschienen die Stücke *Bismarck. Ein historisches Schauspiel* (1916), *Till Eulenspiegel* (1916) und *Herakles* (1917). Bis Ende 1917 trat Frank Wedekind in seinen Stücken auf. Dies war seiner durch Krankheiten ohnehin stark beeinträchtigten Gesundheit ebenso abträglich wie die sich häufenden Probleme in seiner Ehe mit der um Vieles jüngeren Tilly. Als diese Ende 1917 einen Selbstmordversuch unternahm, war Wedekind mit seinen körperlichen und seelischen Kräften am Ende. Eine erneute Operation Anfang 1918 war angesichts zunehmender Herzschwäche und einer Lungenentzündung vergeblich. Am 9. März 1918 starb Wedekind in München, auf dem Waldfriedhof fand er seine letzte Ruhestätte.

Frank Wedekind hinterließ trotz seines frühen Todes ein Werk von beachtlichem Umfang und großer literarischer Vielfalt. Insbesondere in der Geschichte des deutschsprachigen Dramas und auf dem Gebiet des politischen Kabaretts hat er seine Spuren hinterlassen. Ihn zu ignorieren ist genauso unmöglich wie ihm wirklich gerecht zu werden. Dies hat auch **Bertolt Brecht** erkannt, als er Wedekinds Begräbnis in einem Brief an Caspar Neher mit den folgenden Versen kommentierte:

Sie standen ratlos in Zylinderhüten
Wie um ein Geieraas. Verstörte Raben.
Und ob sie (Tränen schwitzend) sich bemühten:
Sie konnten diesen Gaukler nicht begraben.[6]

2 Zur Entstehungsgeschichte des Stücks

Ich begann zu schreiben ohne irgendeinen Plan, mit der Absicht zu schreiben, was mir Vergnügen macht. Der Plan entstand nach der dritten Szene und setzte sich aus persönlichen Erlebnissen oder Erlebnissen meiner Schulkameraden zusammen. Fast jede Szene entspricht einem wirklichen Vorgang.[7]

Mit diesen bemerkenswerten Feststellungen beginnt ein kurzer Kommentar, in dem sich Frank Wedekind 1911 zu *Frühlings Erwachen* äußerte. Der zitierte Satz könnte den Anschein erwecken, als habe sich der Schriftsteller im Oktober 1890 eben einmal hingesetzt und – einer spontanen Idee folgend – zu schreiben begonnen. Ganz so kann es nicht gewesen sein, auch wenn Wedekind seit 1886 fast hektisch darum bemüht war, Texte unterschiedlicher Art zu verfassen und Verleger dafür zu interessieren. Die in *Frühlings Erwachen* verarbeiteten Themen gehen jedoch, wie er ja selbst versicherte, großenteils auf Erfahrungen und Erlebnisse zurück, die Wedekind aus seinen Schuljahren mit sich getragen hat, die ihn also immer wieder beschäftigt, vielleicht auch gequält haben. Dazu gehörten – worauf Arthur Kutscher, der Biograf des Dichters, aufmerksam gemacht hat – besonders „die Pubertätsleiden, die Weltanschauungskämpfe und die Schule".[8] Eine große Bedeutung wird in diesem Zusammenhang den Selbstmorden der Schüler Franz Oberlin im Juli 1883 sowie Moritz Dürr im Winter 1885 zugeschrieben. Von Dürr wurden auf die Figur des Moritz Stiefel allerdings nur der Vorname und die Tatsache des Selbstmords übertragen, während Melchior Gabor nach Kutscher „deutlich Züge des jungen Wedekind" trägt.[9]

Von anderen literarischen Arbeiten weisen zumindest die Verskomödie *Elins Erweckung* (1887) sowie einige Gedichte wie etwa die Bänkelsängerballade *Santa Simplicitas* (1883) und die später entstandenen Gedichte *Ilse* (1893) und *Wendla* (1896) darauf hin, wie stark Motive und Aspekte im Umfeld von *Frühlings Erwachen* den Dichter über längere Zeit beschäftigt haben. Als ‚**Quellen**' (man sollte eher von Parallelen oder Anregungen sprechen) für einzelne Szenen der „Kindertragödie" werden unter anderem folgende Werke genannt:

- *Faust I* von Johann Wolfgang von Goethe („Studierzimmer" II, also der Pakt mit dem Teufel, für III, 7; „Trüber Tag. Feld" für III, 3, „Gretchens Stube" für II, 6),
- *Woyzeck* von Georg Büchner (speziell das Märchen vom armen Kind in der Szene „Straße" für die Geschichte der „Königin ohne Kopf" in II, 1),
- Heinrich Heines *Harzreise* (für die Gestalt der Ilse in II, 7) sowie
- William Shakespeares *Othello* (für II, 3).[10]

Das im Oktober 1890 begonnene Werk war bereits Ostern 1891 fertiggestellt und erschien noch im selben Jahr bei Jean Groß in Zürich. Zu weiteren Auflagen kam es 1894 und 1904, an eine Bühnenaufführung war aber vorerst nicht zu denken, dafür war die Zeit noch nicht reif. Erst im Jahr 1906 fand die **Uraufführung durch Max Reinhardt** an den **Kammerspielen in Berlin** statt. Sie wurde trotz einige massiver Zensureingriffe zu einem grandiosen Erfolg. Wedekind selbst hatte dabei die Rolle des vermummten Herrn übernommen.

Frank Wedekind in der Rolle des vermummten Herrn (Wien, 1908)

Der folgende Auszug aus einem Brief Wedekinds an einen Kritiker lässt erkennen, dass der Autor mit seinem Stück durchaus ernste und für die Gesellschaft unbequeme Zwecke verfolgte:

> *Gestatten Sie mir, Ihnen mit gleicher Post eine Arbeit „Frühlings Erwachen" vorzulegen, in der ich die Erscheinungen der Pubertät bei der heranwachsenden Jugend poetisch zu gestalten suchte, um denselben wenn möglich bei Erziehern Eltern und Lehrern zu einer humaneren rationelleren Beurtheilung zu verhelfen.*[11]

Auf dieses Anliegen weist in allgemeiner Form auch der Untertitel „Eine Kindertragödie" hin. Fast irritierend wirkt es aber dann, wenn Wedekind mehrfach darauf hinweist, dass das Stück missverstanden werde, wenn man es für eine „steinernste Tragödie" halte, vielmehr komme es darauf an, „das Spielerische zu heben und das Leidenschaftliche zu dämpfen". Das Stück wirke „umso ergreifender [...], je harmloser, je sonniger, je lachender es gespielt wird".[12] Darin scheint ein Widerspruch zum Untertitel und zu einigen wirklich nicht sehr „sonnigen" Elementen der Handlung zu liegen (Selbstmord, Demission von der Schule, Tod durch eine „Engelmacherin"). Ob es eine Erklärung für diesen (vermeintlichen) Widerspruch gibt, soll sich im Zuge der folgenden Analyse und Interpretation des Stückes zeigen.

Alexander Moissi als Moritz Stiefel in der Uraufführung von „Frühlings Erwachen" (Berlin, 1906)

Inhaltsangabe

Erster Akt

1. Szene: Wendlas Geburtstag (S. 7 f.)

Die erste Szene spielt im Wohnzimmer der Bergmanns. Wendla Bergmann, gerade 14 Jahre alt geworden, soll nach dem Willen ihrer Mutter nicht mehr im „Prinzesskleidchen" (S. 7, Z. 13 und öfter) herumlaufen, sondern ein Kleid tragen, das länger und daher für ein „ausgewachsenes" Mädchen (S. 7, Z. 13) schicklicher sei. Wendla sträubt sich gegen die Zumutung; dabei verwirrt sie ihre Mutter, die schließlich nachgibt, mit frühreif ernsten, am Ende auch koketten Bemerkungen.

2. Szene: Erziehung und Aufklärung (S. 8 –15)

Am Sonntagabend langweilen sich einige Gymnasiasten bei einem Gesellschaftsspiel und kommen, nachdem einer von ihnen, Melchior Gabor, aufhören will, auf die noch anstehenden Hausaufgaben und Vorbereitungsarbeiten für die Schule zu sprechen. Vor allem Melchior und dann auch sein Freund Moritz Stiefel äußern sich sehr unwirsch über die ständigen, ihre gesamte freie Zeit beanspruchenden und ihrer Meinung nach sinnlosen Belastungen. Nachdem die übrigen Schüler nach Hause gegangen sind, um eben diese Arbeiten zu erledigen, begeben sich Melchior und Moritz auf einen Spaziergang und setzen dabei ihr Gespräch fort. Sehr bald kommen sie, von einer eigenartigen abendlichen Naturstimmung besonders angeregt, auf Fragen der Kindererziehung und in diesem Zusammenhang speziell auf eine ihrer Ansicht nach notwendige unverkrampfte, die üblichen Tabus beiseite lassende gemeinsame Erziehung von Mädchen und Jungen zu sprechen. Melchior, der in Fragen der Sexualität schon besser aufgeklärt ist als Moritz, weist darauf hin, dass das enge Zusammenleben von Mädchen und Jungen ab einem bestimmten Alter möglicherweise Folgen haben kann. Das bringt die beiden auf ihre eigenen ersten „männlichen Regungen" (S. 11, Z. 9), wobei Melchior ihr Auftreten eher gelassen, sich nur „ein wenig" schämend (S. 13, Z. 1) registriert hat, während Moritz sie als Anzeichen einer unheilbaren Krankheit empfunden hat und eigentlich immer noch empfindet. Dabei stellt sich heraus, dass Moritz zwar von großer Unruhe erfasst wird, wenn er mit einem Mädchen auch nur spricht, aber keine Ahnung von der sexuellen Begegnung eines Mädchens mit einem Jungen beziehungsweise von der Zeugung eines Kindes hat, und dies, obwohl er bereits 15 Jahre alt ist. Melchior, der Jüngere der beiden, bietet ihm an, ihm alle nötigen Informationen mündlich zu geben. Er erklärt, sich durch Lektüre, durch Bilder und durch Beobachtungen in der freien Natur selbst aufgeklärt zu haben. Im Zuge dieser Selbstaufklärung sei er Atheist geworden. Doch der unsichere und aufgeregte Moritz, der bereits vergeblich das Konversationslexikon zu Rate gezogen hat, sieht sich nicht in der Lage, „gemütlich über die Fortpflanzung" zu plaudern (S. 14, Z. 30 f. und 32 f.), und bittet Melchior, ihm sein Wissen aufzuschreiben und während der Turnstunde am nächsten Tag zukommen zu lassen. Melchior willigt ein, dann trennen sich die beiden, weil Moritz noch arbeiten will.

3. Szene: Sadistische Erziehungsmethoden und naive Vorstellungen junger Mädchen (S. 15–19)

Wendla und ihre Freundinnen Thea und Martha unterhalten sich, auf der Straße bummelnd, über typische Mädchenthemen wie etwa Frisuren, Jungen (speziell Melchior Gabor), besonders aber über die Reaktionen ihrer Eltern auf „unbotmäßiges" Verhalten. Martha hat darunter zu leiden, dass sie des Öfteren aus nichtigen Anlässen von ihren Eltern geschlagen wird und sich dann noch anhören muss, man wolle sich wegen der Erziehung der Tochter später keine Vorwürfe machen lassen. Marthas Vorsatz, ihre eigenen Kinder später einmal aufwachsen zu lassen „wie das Unkraut in unserem Blumengarten“ (S. 17, Z. 28 f.), ist daher verständlich. Wendla und Thea haben nicht unter vergleichbaren Repressalien ihrer Eltern zu leiden. Ebenso wie Martha wünschen sie sich Kinder, sie wissen aber nichts Genaueres über die Umstände des Kinderkriegens. Der vorübergehende (und grüßende) Melchior lenkt ihre bewundernden Blicke auf sich; Wendla äußert sich fasziniert über seine Intelligenz und seinen Atheismus. Auch Moritz Stiefel erhält Lob, allerdings nur von Martha.

4. Szene: Die Gewissheit von Moritz, das Klassenziel zu erreichen (S. 19–22)

Melchior und einige seiner Mitschüler unterhalten sich in den Parkanlagen vor dem Gymnasium aufgeregt über Moritz, dessen Weiterkommen in diesem Schuljahr sehr gefährdet ist und von dem behauptet wird, er sei ins Konferenzzimmer eingedrungen. Mit Ausnahme von Melchior und Hänschen Rilow äußern die anderen Schüler große Vorbehalte gegenüber Moritz. Sie trauen ihm wenig Gutes zu, fast gönnen sie ihm das Scheitern und eine Bestrafung für das ihnen unverschämt erscheinende Verhalten. Als Moritz dann selbst vor die anderen hintritt, ist er ungeheuer aufgewühlt, vor allem aber, wie er versichert, erleichtert. Er gibt zu, den Konferenzraum, dessen Tür nur angelehnt war, betreten und das Konferenzprotokoll eingesehen zu haben. Danach würden er und ein weiterer gefährdeter Mitschüler die Erlaubnis zum Vorrücken erhalten, allerdings „nur provisorisch“ (S. 21, Z. 32). Melchior und Hänschen Rilow teilen seine Freude, die anderen lassen ihn auch jetzt wieder ihre Missgunst und Geringschätzung spüren. Dass er sich im Falle seines schulischen Scheiterns erschossen hätte, nehmen sie ihm nicht ab. Die vorbeigehenden Professoren Knochenbruch und Hungergurt äußern ihr Befremden darüber, dass der Beste in der Klasse, Melchior, mit dem Schlechtesten, Moritz, befreundet ist.

5. Szene: Eine überraschende Begegnung und ihr gewalttätiges Ende (S. 22–27)
Wendla, die Waldmeister für einen Maitrank einsammelt, und Melchior treffen sich an einem sonnigen Nachmittag im Wald. Beide sind etwas verlegen, doch auf Melchiors Vorschlag hin beschließen sie, noch ein wenig unter einer Eiche zu lagern. Zuerst unterhalten sie sich über Besuche Wendlas bei armen Leuten, über die Dinge, die sie ihnen bringt, und ihre Freude an diesen caritativen Handlungen. Melchior bestreitet, dass es eine wirkliche Opferfreudigkeit und Selbstlosigkeit gebe, wie dies von Pastor Kahlbauch behauptet werde; vielmehr könne niemand etwas dafür, dass er so ist, wie er ist. Sie wechseln das Thema, denn Melchior will von Wendla etwas über den Traum erfahren, den sie vor ihrer Begegnung gehabt hat. Sie erzählt ihm, sie habe sich im Traum als armes Kind erlebt, das den ganzen Tag unter extremen Bedingungen habe betteln müssen und abends von seinem Vater geschlagen worden sei, wenn es nicht genug Geld nach Hause gebracht habe. Melchior ist der Meinung, dass es so etwas nicht mehr gebe, doch Wendla weiß, dass es immer noch Kinder gibt, die regelmäßig von ihren Eltern geschlagen werden, so beispielsweise ihre Freundin Martha Bessel. Das beschäftigt sie seit Monaten, sie denkt darüber nach, wie man ihr helfen könnte, kann sich aber selbst kaum vorstellen, wie es ist, geschlagen zu werden, denn von ihren Eltern hat sie dergleichen nie erfahren müssen. Zur Überraschung Melchiors bittet sie ihn, sie mit einer Gerte zu schlagen, denn sie möchte auch einmal erleben, wie man sich dabei fühlt. Sie hat darum schon selbst probiert, sich zu schlagen. Melchior lehnt zuerst heftig ab, doch nach mehrfachen inständigen Bitten Wendlas schlägt er endlich zu, zuerst mit der Gerte und dann, immer zügelloser, mit den Fäusten. Wendla beginnt zu schreien und auch Melchior ist über sein Tun und die Reaktion Wendlas so entsetzt, dass er aufschluchzend im Wald verschwindet.

Zweiter Akt

1. Szene: Ein Märchen und die Gretchen-Tragödie als Vorausdeutungen auf die weitere Handlung (S. 28–33)

Moritz ist bei Melchior zu Besuch. Es ist Abend. Die beiden Freunde sitzen in Melchiors Zimmer auf einem Sofa. Moritz ist in aufgekratzter Verfassung, er glaubt sich seinem großen Ziel, der Versetzung in die nächste Klasse, schon sehr nahe und kündigt an, arbeiten zu wollen, bis ihm „die Augen zum Kopf herausplatzen“ (S. 28, Z. 25 f.). In erster Linie will er dies tun, um seine Eltern zu schonen. Er ist sich sicher, dass er sich erschießen wird, wenn sein Vorhaben scheitert. Für Melchior ist dies alles Grund genug, dem Leben eine „ungeahnte[] Gemeinheit“ (S. 29, Z. 12 f.) zu bescheinigen. Moritz hingegen gerät zunehmend in eine eigenartige traumhafte Stimmung, er fühlt sich „eigentümlich vergeistert“ (S. 29, Z. 16). In dieser Stimmung erzählt er Melchior „die Geschichte von der ‚Königin ohne Kopf‘“ (S. 29, Z. 28 f.), wie er sie von seiner Großmutter kennt. Diese Königin, die durch einen anderen König, der ihr einen seiner zwei Köpfe schenkt, gerettet wird, will ihm nicht aus dem Sinn.

Frau Gabor, Melchiors Mutter, unterbricht das Gespräch und bringt den Jungen Tee. Sie zeigt sich besorgt über Moritz’ Aussehen und äußert durchaus liberale Ansichten über die Schule und deren zu große Anforderungen an die Schüler. Die unglaubliche Ignoranz des Schulwesens gegenüber den persönlichen Problemen der Schüler veranschaulicht Melchior anhand des Verhaltens von Rektor Sonnenstich bei der Nachricht vom Tode eines Schülers. Frau Gabor bemerkt ein Buch bei ihrem Sohn, es ist *Faust* von Goethe. Für dieses Werk, das Melchior begeistert preist, ist nach Meinung von Frau Gabor ihr Sohn noch nicht reif genug. Melchior und Moritz mutmaßen, nachdem Frau Gabor den Raum verlassen hat, dass sich ihre Bedenken auf die Gretchen-Tragödie und deren angebliche Unsittlichkeit bezögen. Das bringt Moritz dazu, Melchior seine Reaktionen auf dessen aufklärenden Aufsatz zu schildern. Insbesondere die von Melchior geschilderten Empfindungen der Mädchen bei der Vereinigung erscheinen ihm als „der Inbegriff aller irdischen Seligkeit“ (S. 32, Z. 33 f.), ein Geschenk von geradezu paradiesischer Großartigkeit. Melchior sieht dies alles nüchterner: Er will sich nicht von Mädchen beschenken lassen. Er will der Aktive sein, der lediglich erhält, worum er gekämpft hat.

Das Gespräch über *Faust* verweist ebenso wie das Märchen von der „Königin ohne Kopf“ auf den weiteren Verlauf der Handlung.

2. Szene: Das quälende Geheimnis der Schwangerschaft (S. 33–37)

Frau Bergmann versucht ihrer Tochter weiszumachen, dass der Storch Ina, Wendlas Schwester, einen kleinen Jungen gebracht habe. Wendla geht anfangs auf die Posse ein, macht ihrer Mutter aber dann doch klar, dass sie mit 14 Jahren nicht mehr an den Storch glauben könne. Die Mutter solle ihr sagen, wie „es“ zugeht. Frau Bergmann windet sich nach Kräften, will keine klare Antwort geben, spricht sogar davon, eine Aufklärung über diese Dinge nicht verantworten zu können. Schließlich lässt sie sich dazu herbei, der ungeduldigen, ständig insistierenden Wendla eine ausweichende Erklärung zu geben: Um ein Kind zu bekommen, müsse eine Frau den Mann, mit dem sie verheiratet ist, „von ganzem Herzen lieben“ (S. 37, Z. 5 f.). Offenbar gibt sich Wendla, der die für eine wahrhaftige Auskunft notwendige Reife von ihrer Mutter noch nicht zugestanden wird, mit dieser Antwort zufrieden.

3. Szene: Die sexuellen Nöte von Hänschen Rilow (S. 37–40)

Hänschen Rilow, einer der Schulkameraden von Melchior und Moritz, schließt sich in der Toilette ein und versucht, seiner sexuellen Nöte Herr zu werden. Dabei stimuliert ihn die Reproduktion einer Venusdarstellung aus der Renaissance. Mit schwülstigen Worten führt er ein Scheingespräch mit der verlockenden Gestalt, verliert sich in Erinnerungen an ähnliche Erlebnisse mit anderen Frauengestalten und versenkt das angebetete Bild unter pathetischen Beschwörungen in der Toilettenschüssel. Er sieht sich dabei – unter Anspielung auf die Ermordung Desdemonas durch Othello in Shakespeare *Othello* – als Mörder, allerdings als Mörder aus Not. Das heißt, er gaukelt sich vor, die Vernichtung der verführerischen Frauenbildnisse könne seine sexuellen Nöte etwas lindern.

„HÄNSCHEN RILOW *(ein Licht in der Hand, verriegelt die Tür hinter sich und öffnet den Deckel.)* […] *(Er zieht eine Reproduktion der Venus von Palma Vecchio aus dem Busen.)* Du siehst mir nicht nach Vaterunser aus, Holde – kontemplativ des Kommenden gewärtig, wie in dem süßen Augenblick aufkeimender Glückseligkeit, als ich dich bei Jonathan Schlesinger im Schaufenster liegen sah – ebenso berückend noch diese geschmeidigen Glieder, diese sanfte Wölbung der Hüften, diese jugendlich straffen Brüste – o, wie berauscht von Glück muss der große Meister gewesen sein, als das vierzehnjährige Original vor seinen Blicken hingestreckt auf dem Diwan lag! Wirst du mich auch bisweilen im Traum besuchen? – Mit ausgebreiteten Armen empfang ich dich und will dich küssen, dass dir der Atem ausgeht! […]“ (II, 3)

„Venus“ des italienischen Malers Palma Vecchio (1480–1528), eines Vertreters der venezianischen Malerschule. Öl auf Leinwand, 113 mal 186 cm, um 1520

4. Szene: Liebesbegegnung zwischen Melchior und Wendla (S. 40 f.)

Melchior liegt auf einem Heuboden auf dem Rücken. Wendla kommt die Leiter herauf und versucht ihn dazu zu bewegen, herunterzukommen, um bei der Heuernte zu helfen; doch Melchior verbirgt sein Gesicht und reagiert dann mit der mehrfach hervorgestoßenen panischen Aufforderung an das Mädchen, sich von ihm zu entfernen. Offenbar ist er so stark erregt, dass er sich kaum noch beherrschen kann. Da Wendla aber nicht allein gehen will, verliert Melchior jegliche Kontrolle über sich. Er will sie küssen, aber Wendla ist entsetzt, denn sie glaubt ja, dass man ein Kind bekomme, wenn man sich liebt. Melchior antwortet, dass es sich hierbei nicht um Liebe, sondern um Egoismus handele. Er lässt nicht nach und so kommt es schließlich – nach kurzem Widerstand Wendlas – zur Vereinigung der beiden.

5. Szene: Der Brief von Frau Gabor an Moritz Stiefel (S. 41–43)

Frau Gabor schreibt Moritz Stiefel einen Brief, mit dem sie auf seine schriftliche Bitte reagiert, ihm Geld für die Flucht nach Amerika zur Verfügung zu stellen, da er sich den schulischen Anforderungen offenbar doch nicht mehr gewachsen fühlt. In dem Brief, dessen Inhalt die ganze Szene ausfüllt, lehnt Frau Gabor das Ersuchen von Moritz ab und zeigt sich auch befremdet darüber, dass er ihr im Falle einer Ablehnung mit Selbstmord droht. Andererseits bemüht sie sich auch, ihm wieder Selbstvertrauen zu geben und zu verdeutlichen, dass der Wert eines jungen Menschen sich nicht nach seinen schulischen Leistungen bemesse. Frau Gabor versichert, das „Missgeschick" (S. 42, Z. 27) von Moritz in der Schule ändere nichts an ihrer freundschaftlichen Einstellung ihm gegenüber und an ihrer Befürwortung seiner Freundschaft zu ihrem Sohn Melchior. Mit der Warnung vor einer Kurzschlusshandlung und einer herzlichen Wendung schließt der Brief.

6. Szene: Wendlas Erinnerung an das Liebeserlebnis (S. 43)

Wendla geht durch den Garten der Bergmanns, der im Glanz der Morgensonne liegt. Sie ist noch ganz beseligt von der Erinnerung an das Geschehen auf dem Heuboden. Da sie keine Ahnung hat, welche Folgen die Begegnung hatte, drängt es sie, jemandem davon zu erzählen.

7. Szene: Moritz' Lebensbilanz – seine letzte Begegnung (S. 43–50)

Moritz schlendert in der Abenddämmerung bei leicht bewölktem Himmel durch eine schöne, in ihrer Ruhe fast einschläfernde Landschaft. Man hört den Fluss rauschen. Moritz gibt sich schwermütigen Gedanken über sein Leben hin. Er glaubt zu spüren, dass er nicht in diese Welt passt, macht jedoch niemanden, auch nicht seine Eltern, dafür verantwortlich. Die einzig sinnvolle Konsequenz scheint ihm, die Tür hinter sich zuzuziehen und „ins Freie" zu treten (S. 43, Z. 27), das heißt freiwillig aus dem Leben zu scheiden. Dabei sieht er es als bedauerlich an, nicht „das Menschlichste" (S. 45, Z. 1) kennengelernt zu haben, was das Leben bietet, nämlich die körperliche Liebe. Auch wenn er bemüht ist, sich ganz nüchtern seine Beerdigung und sein Grab vorzustellen, überkommen ihn doch melancholische Gedanken, so die Erinnerung an die vielen schönen Abende, die er mit Melchior verbracht hat. Er empfindet sowohl Selbstmitleid wie auch zynische Lebens- und Menschenverachtung. Freundlich winkt ihm nur die „kopflose Königin" (S. 45, Z. 33 ff.).

Moritz wird durch Ilse, die er von ihrer gemeinsamen Kindheit her kennt, aus seinen Gedanken gerissen. Sie schildert ihm sehr farbig und auch etwas frivol ihr unruhiges Leben als Künstlermodell. Es wird klar, dass sie nicht lange überlegt, welchem Maler oder Fotografen sie nicht nur als Modell, sondern auch als Geliebte zur Verfügung stehen will. Moritz hätte keine Probleme gehabt, von ihr in das „Menschlichste" eingewiesen zu werden, denn sie lädt ihn zu sich nach Hause ein. Er lehnt aber ab, bedauert dies jedoch anschließend sehr und verliert sich in Visionen über den (verpassten) Liebesrausch. Er kommt rasch wieder zu sich, spürt die Schwermut des träge dahinziehenden Flusses und verbrennt, einen schon länger gehegten Vorsatz verwirklichend, den Brief von Frau Gabor. Sein letzter Satz macht klar, dass er sich das Leben nehmen wird.

Dritter Akt

1. Szene: Melchior vor dem Lehrerrat (S. 51–56)

Im Konferenzzimmer haben sich die Professoren Affenschmalz, Knüppeldick, Hungergurt, Knochenbruch, Zungenschlag und Fliegentod um einen runden Tisch versammelt. Den Vorsitz führt, von einem erhöhten Sessel aus, Rektor Sonnenstich. An den Wänden hängen Bildnisse der berühmten fortschrittlichen Pädagogen Johann Heinrich Pestalozzi und Jean-Jacques Rousseau. Der Hausmeister Habebald kauert neben der Tür.

Zu Beginn der Lehrerkonferenz hält Rektor Sonnenstich ein energisches, von gewundenen juristischen Wendungen strotzendes Plädoyer für die Verweisung „unseres schuldbeladenen Schülers" (S. 51, Z. 13). Im späteren Verlauf wird klar, dass es sich dabei um Melchior Gabor handelt, dem zur Last gelegt wird, die nach Meinung der Lehrer unsittliche Abhandlung „Der Beischlaf" (S. 54, Z. 21) verfasst, sie dem Mitschüler Moritz Stiefel ausgehändigt und damit dessen Selbstmord herbeigeführt zu haben. Bevor Melchior in den Raum geführt wird, führen die Professoren Knüppeldick, Zungenschlag, Fliegentod sowie Rektor Sonnenstich noch einen grotesken Disput darüber, ob ein Fenster geöffnet werden soll oder nicht. Nach ergebnisloser Abstimmung über diese Lächerlichkeit setzt der Rektor sein Plädoyer fort und lässt schließlich Melchior holen. Der Rektor überfällt den Schüler mit massiven Anwürfen und unterbindet dessen Versuche, sich dazu zu äußern, jeweils äußerst rigoros. Melchior darf nur auf vorbereitete Fragen mit „Ja“ oder „Nein“ antworten, nützt die kurzen Pausen aber immerhin dazu, den Rektor um nähere Begründungen für dessen Behauptungen zu ersuchen. Sonnenstich verliert angesichts solcher Aufsässigkeit völlig die Fassung, beschimpft Melchior noch einmal kräftig und lässt ihn dann durch den sich sehr unterwürfig verhaltenden Hausmeister Habebald abführen.

2. Szene: Moritz' Beerdigung (S. 56–60)
Bei strömendem Regen wird Moritz Stiefel, über dessen Selbstmord in der vorhergehenden Szene bereits in allgemeiner Form gesprochen worden ist, beerdigt. Vor dem offenen Grabe stehen Pastor Kaulbach, der Vater und der Onkel des toten Jungen sowie ein Freund des Vaters, ferner zwei Mitglieder des Kollegiums und einige Mitschüler von Moritz. Martha und Ilse halten sich abseits.

Die Trauerfeier spottet jeder Beschreibung: Pastor Kahlbauch spricht ein vernichtendes Urteil über Selbstmörder, Rentier Stiefel, der Vater, verleugnet seinen Sohn, Rektor Sonnenstich ergeht sich in hohlen Phrasen über Selbstmord und sittliche Weltordnung, Professor Knochenbruch lästert über den Lebenswandel von Moritz und Onkel Probst sowie Freund Ziegenmelker versuchen den Vater unter anderem dadurch aufzurichten, dass sie das Verhalten des Sohnes in massiver Form missbilligen. Die Klassenkameraden von Moritz streiten sich zuerst darüber, auf welche Weise sich dieser getötet habe, und widmen sich dann bald einem Gespräch über die anstehenden Hausaufgaben. Einzig Ilse und Martha scheinen von Moritz' Tod stärker berührt zu sein: Sie wollen dazu beitragen, dass ständig blühende Pflanzen das Grab schmücken. Doch auch bei den Mädchen zeigt sich eine gewisse Faszination durch das grausige Geschehen. Ilse will die Todeswaffe, die sie am Morgen gefunden hat, als Erinnerung behalten und beschreibt ihre schrecklichen Beobachtungen am Ort des Selbstmords.

3. Szene: Auseinandersetzung über die richtige Erziehung (S. 61–65)

Herr und Frau Gabor führen ein leidenschaftliches Streitgespräch über die richtige Erziehung ihres Sohnes Melchior. Während Frau Gabor Melchior, dessen Relegation von der Schule inzwischen verfügt worden ist, als unschuldigen „Sündenbock" (S. 61, Z. 3) in einem unfähigen System ansieht und ihre liberale, auf Verständnis und Überzeugung basierende Erziehung verteidigt, fordert Herr Gabor, seinem Sohn müsse endlich einmal die Tragweite seines verwerflichen Tuns aufgezeigt werden. Er betrachtet Melchiors Tat als Symptom für „Grundschäden" (S. 62, Z. 13) im Charakter seines Sohnes. Diese könnten nur in der Korrektionsanstalt behoben werden. Frau Gabor droht, ihren Mann in diesem Fall zu verlassen, ändert ihre Meinung jedoch, als dieser ihr berichtet, Wendla erwarte ein Kind von Melchior. Auf diesen Umstand ist er durch einen zufällig in seine Hände gelangten Brief gestoßen. Nach der Mitteilung, Melchior habe seinen Onkel um 200 Mark für die Flucht nach England gebeten, bricht Frau Gabors Widerstand gegen die Einweisung Melchiors in die Korrektionsanstalt endgültig zusammen.

4. Szene: Melchior und die seelische Verwahrlosung in der Korrektionsanstalt (S. 65–67)

Zöglinge der Korrektionsanstalt, in die Melchior eingewiesen worden ist, masturbieren in einem Korridor um die Wette. Melchior will sich heraushalten und muss sich von Gaston verspotten lassen. Trotzdem will er einen der seelisch verwahrlosten Jungen als Freund gewinnen, nicht zuletzt, um die inzwischen schon gereiften Fluchtpläne zu verwirklichen. Während er überlegt, wie er die Flucht bewerkstelligen könnte, denkt er auch über Moritz, Wendla und seine eigene Zukunft nach.

Dr. Prokrustes, der Leiter der Anstalt, bespricht zu gleicher Zeit mit einem Schlosser, wie das Haus gegen Ausreißer gesichert werden könne.

5. Szene: Die unbegreifliche Schwangerschaft (S. 67–71)

Frau Bergmann hat Medizinalrat Dr. von Brausepulver gerufen. Wendla muss das Bett hüten. Sie leidet unter Kopfschmerzen, Schwindelgefühlen und anderen Beschwerden. Der Arzt verordnet, von einer genaueren Untersuchung absehend, die sogenannten Blaudschen Pillen, also ein Mittel gegen die Bleichsucht. Nachdem er gegangen ist, erscheint Ina, Wendlas ältere Schwester, am Fenster und unterhält sich ein wenig mit Wendla. Sie ist verheiratet und hat bereits zwei Kinder, über die sie kurz berichtet. Sie steht mitten im Leben, während Wendlas Gedanken dem Tod gelten. Ina bemerkt das nicht.

Wendla glaubt nicht an die Diagnose des Arztes, sie befürchtet Schlimmeres. Sie hat Angst vor dem Sterben. Dies bewirkt, dass ihre Mutter ihr schließlich eröffnet, dass sie schwanger ist. Wendla will dies anfangs nicht für wahr halten, denn ihr wurde ja gesagt, man müsse dazu verheiratet sein. Gerade in der Tatsache, dass Wendla unverheiratet schwanger geworden ist, liegt für Frau Bergmann jedoch die besondere Katastrophe. Daher macht sie ihrer Tochter auch Vorwürfe. Mit Phrasen versucht sie zu rechtfertigen, weshalb sie ihr die nötige Aufklärung versagt hat. Das Erscheinen der Mutter Schmidtin deutet bereits an, dass Frau Bergmann die ‚Schande' durch eine Abtreibung ungeschehen machen will. Dazu müsse Wendla aber mutig sein und auf die Barmherzigkeit Gottes hoffen.

6. Szene: Die Liebe zwischen zwei Jungen (S. 71–73)

Hänschen Rilow und Ernst Röbel wälzen sich im oberen Teil eines Weinbergs im welkenden Gras und lassen sich von der schönen abendlichen Stimmung – die Sonne sinkt hinter die Berggipfel, vom Tal tönt Glockengeläut herauf – zu Gedanken über ihre Zukunft anregen. Das Gespräch mündet in den Entschluss, den Augenblick zu genießen und alle Anflüge von Trauer abzuschütteln. Im Austausch von Zärtlichkeiten finden sie seelisch und körperlich zueinander.

7. Szene: Zurück ins Leben: Der vermummte Herr (S. 73–82)

In einer hellen Novembernacht, in der das trockene Laub schaurig an Bäumen und Büschen raschelt und Wolkenfetzen am Himmel dahinjagen, klettert Melchior über die Mauer eines Friedhofs. Ihm ist die Flucht aus der Korrektionsanstalt geglückt. Nun irrt er, von Todesgedanken erfüllt, auf dem Friedhof umher und steht schließlich vor dem Grab Wendlas, die an den Folgen der von ihrer Mutter veranlassten Abtreibung gestorben ist. Melchior aber sieht sich als den Schuldigen. Er schickt sich an, den Ort zu verlassen, als plötzlich der Geist von Moritz, *„seinen Kopf unter dem Arm"* (S. 75, Z. 8), auf ihn zutritt. Mehrfach versucht das Gespenst Melchior dazu zu verführen, zu ihm ins Reich des Todes zu kommen. Es spricht in höchsten Tönen von der Souveränität, Unabhängigkeit und Allgegenwart der Jenseitigen und spottet über die Erbärmlichkeit des irdischen Daseins. Fast ist Melchior schon so weit, die Offerte des Geistes anzunehmen, wenn auch nur aus Selbstverachtung, als der vermummte Herr auf der Bildfläche erscheint. Zunächst hält er Melchior von dem unüberlegten Schritt ab und weist den Geist von Moritz in seine Schranken. Das, was er Melchior vorgeprahlt habe, sei „Humbug" (S. 78, Z. 28). Seine Identität will der vermummte Herr nicht preisgeben, aber er bietet Melchior an, ihn zurück zu den Menschen zu führen und ihm die Welt zu erschließen. Das Gespenst bedauert nun, dass der vermummte Herr nicht auch ihm erschienen sei und ihn am Selbstmord gehindert habe. Der Herr macht den Geist jedoch darauf aufmerksam, dass auch er im letzten Augenblick vor der Tat noch eine ähnliche Chance wie Melchior gehabt habe. Der tote Moritz findet sich damit ab, allein in sein Grab zurückkehren und dort auf dem Weg in die Verwesung fortschreiten zu müssen. Melchior dankt ihm dafür, ihm hier noch einmal erschienen zu sein.

Textanalyse und Interpretation

1 Struktur des Stücks

Rein äußerlich gesehen, fällt am Aufbau von *Frühlings Erwachen* wenig auf: Das Stück ist in **drei Akte** gegliedert, so wie dies sowohl bei Bühnenstücken aus früheren Epochen (etwa Heinrich von Kleists *Amphitryon* und Georg Büchners *Leonce und Lena*) als auch bei modernen Stücken (beispielsweise Friedrich Dürrenmatts *Besuch der alten Dame* und Ödön von Horváths *Geschichten aus dem Wienerwald*) der Fall ist. Der dreiaktige Aufbau wurde allerdings fast nie für Tragödien gewählt, sondern meistens für Komödien und Schauspiele.

Wedekinds *Frühlings Erwachen* enthält insgesamt **19 Szenen**: Der erste Akt besteht aus fünf Szenen, die beiden folgenden Akte weisen je sieben Szenen auf.

Sehr schnell erschließt sich dem Leser beziehungsweise Zuschauer der **offene Charakter** von Wedekinds „Kindertragödie": Die Handlung beginnt unvermittelt und endet so, dass sie ohne Weiteres fortgeführt werden könnte. Die Szenen sind locker aneinandergereiht, dennoch sind sie beziehungsweise bestimmte Szenengruppen durch Personen (Melchior-Szenen, Wendla-Szenen, Moritz-Szenen) oder Themen (Erziehung, Sexualität, Lebenseinstellungen) koordiniert. Nicht wenige Szenen könnten völlig isoliert von irgendeinem Kontext als Minidramen auf der Bühne aufgeführt werden, so zum Beispiel I, 1 (Wendlas Geburtstag), II, 3 (die sexuellen Nöte von Hänschen Rilow), III, 1 (die Lehrerkonferenz) oder III, 3 (der Streit zwischen Herrn und Frau Gabor über die richtige Erziehung). Dies würde auch in etwa einer der Vorgaben Brechts für das Epische Theater entsprechen.

Wesentlich für die offene Form des Dramas ist ferner der völlige Verzicht auf die „klassischen" drei Einheiten:

Die **Handlungszeit** erstreckt sich weit über die traditionell erlaubten 24 Stunden hinaus, sie umfasst etwa ein halbes Jahr. Die **Handlungsorte** wechseln sich immer wieder ab (beispielsweise Wohnräume, Straßen, Räume und Umfeld des Gymnasiums, Natur, Friedhof), das Geschehen konzentriert sich also nicht auf einen Schauplatz. Für alle Handlungsräume gilt jedoch der Eindruck von Enge und Bedrückung; dies trifft in gewisser Weise sogar auf die Natur zu (Wald, Fluss, Weinberg). Insofern spiegelt die Topografie die Lebensverhältnisse und das Denken der Gesellschaft wider.[13]

Das Geschehen besteht nicht nur aus einem **Handlungsstrang**, sondern ist in mehrere Stränge aufgefächert, bei denen jeweils meistens die drei Hauptfiguren (Wendla, Melchior, Moritz) im Brennpunkt stehen. Zusätzlich gibt es noch Szenen, in denen keine der drei Hauptfiguren persönlich auftritt (II, 3, II, 5, III, 3, III, 6), die jedoch thematische Schwerpunkte, etwa die sexuellen Probleme der Jugendlichen oder das Problem der richtigen Erziehung, besonders akzentuieren. Die Handlungsstränge laufen allerdings nicht isoliert bis zum Schluss durch, sondern berühren sich häufig oder vereinigen sich vollständig, so zum Beispiel in der Schlussszene (III, 7).

Die Anordnung der Szenen folgt – trotz der scheinbaren Beliebigkeit der Reihung und trotz der Tendenzen zur Selbstständigkeit – ziemlich deutlich erkennbar dem **Prinzip der Alternierung** beziehungsweise **Kontrastierung**: So alternieren etwa im ersten Akt die Szenen mit dem Schwerpunkt Wendla beziehungsweise Mädchen mit Szenen, in denen Melchior und Moritz im Mittelpunkt stehen (I, 1, I, 3 sowie I, 2, I, 4). Erst in der fünften Szene kommt es zur Verzahnung der beiden Handlungsstränge. Die beiden anderen Akte sind weniger klar strukturiert, doch lässt sich auch hier das genannte Prinzip erkennen: Im zweiten Akt wechseln sich Szenen mit dem Schwerpunkt auf dem Schicksal von Moritz mit Szenen ab, in denen Wendlas Schicksal sehr stark in den Blick rückt (II, 1, II, 5, II, 7 sowie II, 2, II, 4, II, 6). Im dritten Akt werden in die auf Melchior zugeschnittenen Szenen solche eingestreut, die nicht von den drei Hauptfiguren dominiert werden (III, 1, III, 4, III, 7 sowie III, 2, III, 3, III, 5, III, 6.) In der Szene III, 7, in welcher der vermummte Herr auftritt, münden alle Handlungsstränge (man kann auch von Stationenfolgen sprechen) in eine offene Bilanz.

Innerhalb der drei auf die Hauptfiguren zugeschnittenen Szenengruppen lässt sich ein ‚roter Faden', eine in gewisser Weise **zwangsläufige Entwicklung des Geschehens** erkennen. Besonders deutlich ist dies bei den Wendla-Szenen: Von ihrem Aufbegehren gegen die ‚zopfigen' Kleidervorstellungen ihrer Mutter (I, 1) über das Gespräch mit den Freundinnen (I, 3) zur ersten unsicheren und gewalttätigen Begegnung mit Melchior (I, 5), dann weiter zur unzureichenden Aufklärung durch die Mutter (II, 2) über die ahnungslose Hingabe an Melchior (II, 4) und die schöne Erinnerung daran (II, 6) bis schließlich zum Schock über die Schwangerschaft, zur Abtreibung (III, 5) und zum Tod (III, 7) vollzieht sich das Schicksal Wendlas mit bitterer Konsequenz. Ähnlich konse-

Benjamin Mährlein als Melchior und Elisabeth Müller als Wendla in Christine Eders Inszenierung von „Frühlings Erwachen" am Münchner Volkstheater aus dem Jahre 2006

quent verläuft die Entwicklung bei Moritz, während Melchior als der eigentlich Souveränste und Kenntnisreichste in hohem Maße, aber unabsichtlich die traurigen Lebenswege von Wendla und Moritz mitbestimmt und dabei selbst in existenzgefährdende seelische Turbulenzen gerät, die letzten Endes sogar das Auftreten des vermummten Herrn nötig machen. An der widersprüchlichen Entwicklung von Melchior lässt sich am besten die generelle Widersprüchlichkeit im Wesen Jugendlicher während der Phase der Pubertät ablesen.

Die Nebenhandlungen in den Szenen II,3 und III,6 hängen nicht völlig in der Luft, denn die dort agierenden Jungen sind ja Klassenkameraden von Melchior und Moritz. Diese Szenen akzentuieren in besonderer Weise das Problem der Unterdrückung von sexuellen Bedürfnissen bei Jugendlichen, welches das gesamte Stück durchzieht.

Die Entwicklungen im Innern der Handlungsträger und zwischen ihnen markieren auch die **Spannungskurve** des Stücks: Vom Aufbruch in eine neue Lebensphase über schmerzhafte Erfahrungen, totale Verunsicherung und völliges Unverständnis von Seiten der meisten Erwachsenen führt der Weg bei zwei Jugendlichen in den Tod, der dritte hat die Chance, einen Neuanfang zu versuchen. Titel (*Frühlings Erwachen*) und Untertitel („Eine Kindertragö-

Katrin Klauschke und Georg Schmikale als Wendla und Melchior (Theater im Schuppen im Theater Frankfurt, Frankfurt/Oder, 2006)

die“) stehen für den Anfang und das Ende der Spannungskurve.[14] Eine dem Aufbau der klassischen Tragödie (Exposition – steigende Handlung – Peripetie und so fort) vergleichbare Regelmäßigkeit ist nicht auszumachen.

Übersicht über die drei Hauptlinien der Handlung

Wendla-Szenen

I, 1	Widerstand gegen Konvention, mädchenhafter Stolz auf die eigene Attraktivität
I, 3	Liebe zwischen Mann und Frau, Schläge als Erziehungsmittel, Interesse an Melchior
I, 5	Begegnung mit Melchior, masochistisches Verhalten als Ausdruck von Hilflosigkeit
II, 2	unzureichende Aufklärung durch die Mutter
II, 4	intime Vereinigung mit Melchior
II, 6	Erinnerung an die Liebesbegegnung
III, 5	Schock der Schwangerschaft, Abtreibung
III, 7	Grab der an den Folgen einer Abtreibung gestorbenen Wendla

Moritz-Szenen

I, 2	Interesse und Ahnungslosigkeit in Fragen der Erziehung und Sexualität, Wunsch nach Aufklärung durch Melchior
I, 4	existenzielle Bedeutung des Vorrückens, Andeutung der Möglichkeit des Selbstmords
II, 1	Hoffnung auf Vorrücken, euphorische Reaktion auf Aufklärungsschrift
II, 5	Selbstmorddrohung, Ablehnung der Bitte um Geld durch Frau Gabor, Aufmunterung durch Frau Gabor
II, 7	trübsinnige Lebensbilanz, vergebene Chance des Beischlafs mit Ilse, Entschluss zum Selbstmord
III, 2	Beerdigung, würdelose Trauerfeier (Vater, Rektor)
III, 7	Auftreten als Gespenst; Versuch, Melchior in die andere Welt hinüberzuziehen, Scheitern der Bemühungen nach Auftreten des vermummten Herrn, Bedauern des eigenen Schicksals und endgültiger resignativer Abschied

Melchior-Szenen
(teilweise sich mit Szenen aus den anderen Gruppen überschneidend)

I, 2	Verachtung der Schule; jugendliche Ahnungen; Versprechen, Wissen über Sexualität an Moritz weiterzugeben
I, 4	Unterstützung der schulischen Bemühungen von Moritz
I, 5	Vorbehalte gegenüber wohltätigem Verhalten, (erzwungener) Sadismus gegenüber Wendla
II, 1	Verachtung der Schule und ihrer Vertreter, egoistische Einstellung zu sexueller Erfüllung im Unterschied zu Moritz, Lektüre von *Faust I*
II, 4	intime Vereinigung mit Wendla
III, 1	Schulausschluss wegen angeblicher Schuld am Tod von Moritz, Chancenlosigkeit gegenüber verbohrter Lehrerschaft
III, 3	Streit über die Erziehung von Melchior zwischen Herrn und Frau Gabor
III, 4	Widerstand gegen völlige Verwahrlosung in der Korrektionsanstalt
III, 7	Verzweiflung und Schuldgefühle wegen Wendlas Tod; Verlockung zur Selbsttötung durch den Geist von Moritz; Rettung durch den vermummten Herrn

Benjamin Mährlein als Melchior und Elisabeth Müller als Wendla (München, 2006)

2 Figuren

Gesellschaft

Fast alle Personen im Stück, sieht man einmal von wenigen Nebenfiguren wie dem Pedell Habebald oder dem Schlossermeister in der Korrektionsanstalt ab, gehören dem neuen Mittelstand an, der sich in den Jahren zwischen 1880 und 1918 im Wesentlichen aus Beamten und Angestellten konstituierte. Diesem Bevölkerungskreis sowie den Vertretern des traditionellen Bildungsbürgertums ging es besonders darum, ihren Kindern – hauptsächlich den Söhnen, weniger den Töchtern – einen höheren Schulabschluss zukommen zu lassen. Dahinter stand das Bemühen, sich von der zunehmend besser organisierten Arbeiterklasse abzuheben und durch Investitionen in die Ausbildung der Kinder einen angemessenen sozialen Status zu sichern beziehungsweise zu erreichen. In den höheren Schulen kam es durch den großen Zustrom an Schülern zeitweilig zu Engpässen und in der Folge zu verschärfter Selektion. Dieser Aspekt spielt in der Handlung von *Frühlings Erwachen* eine bedeutende Rolle, das Schicksal von Moritz Stiefel ist unmittelbar damit verknüpft. Für die Jugendlichen bedeutete die Ausbildung an den höheren Schulen nicht nur eine gute Perspektive für das spätere Berufsleben, sondern auch eine sehr lange materielle und psychische Abhängigkeit vom Elternhaus. Den Eltern und Lehrern in Wedekinds Stück geht es darum, ihren Kindern diejenigen Einstellungen und Verhaltensweisen zu vermitteln, die ein Ausbrechen aus dem gewohnten Sozialisationsumfeld erschweren beziehungsweise unmöglich machen. Dazu gehören zum Beispiel Gehorsam im Elternhaus und in der Schule, Gottesfurcht (vgl. die Grabrede von Pastor Kahlbauch in III, 2), bedingungslose Anerkennung schulischer Leistungsanforderungen und Kommunikationsformen sowie Verzicht auf die Befriedigung von Triebansprüchen. Auch Frau Gabor macht, obwohl sie fortschrittlich und liberal eingestellt ist, in dieser Beziehung letztlich keine Ausnahme. Das zeigt ihr Umschwenken nach Kenntnis von Melchiors Brief an Wendla (III, 3).

Figuren des Stücks

Die Heranwachsenden	Die Erwachsenen
• Hauptfiguren: Melchior Gabor, Moritz Stiefel, Wendla Bergmann	• Eltern, Verwandte, Freunde: Frau Bergmann, Ina Müller, Herr und Frau Gabor, Rentier Stiefel, Onkel Probst, Freund Ziegenmelker
• Mitschüler von Melchior und Moritz, Zöglinge der Korrektionsanstalt: Hänschen Rilow, Ernst Röbel, Georg Zirschnitz, Robert, Otto, Lämmermeier; Diethelm, Reinhold, Ruprecht, Gaston, Helmuth	• Schul- und Anstaltspersonal: Rektor Sonnenstich, Dr. Prokrustes, die Professoren Affenschmalz, Fliegentod, Hungergurt, Knochenbruch, Knüppeldick, Zungenschlag; Pedell Habebald, ein Schlossermeister
• Freundinnen von Wendla: Martha Bessel, Thea	• Vertreter von Kirche und Medizin: Pastor Kahlbauch, Medizinalrat Dr. von Brausepulver
• Die Außenseiterin: Ilse	• Geheimnisvoller „deus ex machina“: Der vermummte Herr

Die Hauptfiguren

Wendla

Wendla Bergmann ist ein von ihrer Mutter wohlbehütetes und geliebtes Mädchen. Frau Bergmann würde sie gern behalten, wie sie ist (S. 7, Z. 22 f.), doch merkt sie natürlich, dass Wendla mit 14 Jahren kein kleines Kind mehr ist. Wendla spürt Unruhe in sich, sie hat eigenartige Gedanken, sie kokettiert auch bereits ein wenig (S. 8, Z. 12 ff.), aber es fehlt ihr jegliches Wissen über die biologischen Vorgänge, die sich in ihr abspielen, und über die Sexualität und deren Bedeutung. In den Augen ihrer Mutter, die in dieser Hinsicht die Ansichten vieler kleinbürgerlicher Kreise repräsentiert, sollte Wendla ein möglichst unschuldiges Wesen, ein „Engelsgeschöpf" bleiben (S. 34, Z. 33 f.). Wendlas Interesse aber gilt nicht nur mädchentypischen Themen, sondern auch schon der Liebe zwischen Mann und Frau (vgl. S. 18). Wie aber eine Frau zu einem Kind kommt, wissen Wendla und ihre Freundinnen noch nicht. Sie wagen sich an das Thema noch nicht heran. Dem intelligenten und gut aussehenden Melchior schenken sie dagegen schon ihre Aufmerksamkeit (S. 19). Daher fällt es dem Jungen auch nicht schwer, Wendla bei einer Begegnung im Wald zum Bleiben zu bewegen. Nach Gesprächen über unterschiedliche Themen, unter anderem auch über das Schlagen als Erziehungsmaßnahme, bittet Wendla Melchior darum, von ihm geschlagen zu werden. Die Neugierde, „wie einem dabei ums Herz wird" (S. 26, Z. 6 f.), ist nur ein äußerlicher Grund für ihren Wunsch. In Wirklichkeit kommt er aus den Tiefen ihrer erwachenden Sinnlichkeit: Unbewusste Triebwünsche verlangen Erfüllung. Da dies nicht möglich ist, kommt es zu einem Stau, der sich in einer Anwandlung von Masochismus äußert.

Aufklärung über die wichtigsten Zusammenhänge zwischen Liebe, Sexualität und Schwangerschaft wird ihr auch dann noch **verweigert**, als sie ihrer Mutter das Märchen vom Klapperstorch nicht mehr abnimmt (II,2). Es kommt daher fast zwangsläufig zu einer intimen Begegnung zwischen der ahnungslosen Wendla und Melchior (II,4), bei der sie schwanger wird. Bevor ihr dies klar ist, erlebt sie die Liebesbegegnung, sich erinnernd, noch einmal voller Seligkeit. Ihre Ahnungslosigkeit (teilweise auch die von Melchior) hat sie in eine Situation gebracht, die sie nicht verstehen kann: „Ich bin ja doch nicht verheiratet ...!" (S. 70, Z. 24 f.). Ihre Mutter sagt ihr nach heftigem Drängen zwar, dass sie schwanger ist, weiß ihr und vor allem sich selbst im Übrigen aber nicht anders zu helfen, als indem sie ihr Mut für die von ihr schon vorbereitete Maßnahme der Abtreibung zuspricht. Diese wird auch vorgenommen, und Wendla stirbt an den Folgen. Dies ist die bitterste Konsequenz aus dem, was bereits in der ersten Szene mit Wendla (I, 1) angedeutet wird: Das Mädchen wird zum Opfer einer ‚Pädagogik', welche die aufkommenden Probleme junger Menschen mit der Sexualität dadurch zu bewältigen versucht, dass sie alles totschweigt, was wichtig wäre. Die Jugendlichen sollen das bleiben, was sie auch als Kinder waren: unschuldig. Diese Fiktion hat sich bei Wendla als todbringend erwiesen.

Moritz

Moritz Stiefel wird, anders als Wendla und Melchior, nicht nur von seinen Eltern äußerst unsensibel erzogen, sondern auch von den meisten Altersgenossen und von den Mädchen nicht besonders ernst genommen. Dies zeigt sich etwa, als er von seiner Einsichtnahme in das Konferenzprotokoll und von seinem Vorsatz berichtet, sich im Falle des Nichtvorrückens zu erschießen (I, 4). Die **Schule** ist für Moritz eine Institution, der es nur darum geht, die Schüler ständig zu examinieren, um sie dann schließlich durchfallen zu lassen (S. 9, S. 19 ff.). Zu diesem Eindruck tragen nicht nur die autoritären und bornierten Lehrer bei, sondern auch die Eltern, deren Leistungsfetischismus bei Moritz das Gefühl hervorruft, sich ständig auf entscheidende Prüfungen vorbereiten zu müssen. Am Ende treibt dieser Druck Moritz in den Tod. Dies kennzeichnet die Bedingungen, unter denen der schulisch überforderte, aber durchaus aufgeweckte und keineswegs unintelligente Moritz aufgewachsen ist. Hilfe erhielt und erhält er nur von Melchior, allerdings bedeutet dessen Freundschaft am Ende kein wirksames Gegengewicht gegen den Druck, der von der Schule und der Familie ausgeht.

Hilfsbedürftig ist Moritz auch noch auf einem anderen Gebiet, dem der **Sexualität**. Er ist ahnungslos, hat allerdings auch schon „männliche Regungen" empfunden (S. 12, Z. 5 ff.), kann sie aber nicht erklären, empfand vielmehr schlimme Ängste bei ihrem ersten Auftreten. Er steht dem Phänomen der Sexualität beziehungsweise der „Fortpflanzung" (S. 14, Z. 31 und S. 33) so ratlos und gehemmt gegenüber, dass er glaubt, die ihm von Melchior angebotene Aufklärung nur in schriftlicher Form aushalten zu können. Später, als er nach der Lektüre der von Melchior verfassten Schrift „Der Beischlaf" mehr über sexuelle Vorgänge weiß, empfindet er kurz vor seinem Selbstmord Scham darüber, „Mensch gewesen zu sein, ohne das Menschlichste kennen gelernt zu haben" (S. 45, Z. 1 f.), also mit einem Mädchen oder einer Frau geschlafen zu haben. Die des Weges kommende Ilse, ein junges Künstlermodell, bietet ihm die Erfüllung dieses Wunsches in kaum versteckter Form an, doch Moritz ist nicht mehr in der Lage, auf seinem Weg in den Tod innezuhalten. Er scheitert, weil er sein Leben als sinnlos ansieht, sinnlos deshalb, weil er den Erwartungen seiner Eltern nicht entsprechen konnte. Dass er schon lange vor seinem Tod gefährdet war, hätten andere merken müssen: Frau Gabor, als sie seinen Brief erhalten hat (II, 5), Melchior, als Moritz ihm das Märchen von der „Königin ohne Kopf" erzählt (II, 1), Ilse, als sie Moritz in sonderbarer Stimmung begegnet (II, 7), und nicht zuletzt seine Eltern und Lehrer, die in ihm nie etwas anderes gesehen haben als einen Leistungsverweigerer und eine Gefahr für ihren gesellschaftlichen Status. Der tote Moritz bedauert, nicht auch wie Melchior von einem vermummten Herrn ins Leben zurückgerufen wor-

Benjamin Mährlein als Melchior und Timur Isik als Moritz: „Frühlings Erwachen" im Münchner Volkstheater (2006). Bühnenbild: Monika Rovan

den zu sein (S. 81, Z. 15 ff.). Der vermummte Herr erinnert ihn daran, dass auch er, Moritz, im letzten Augenblick zwischen Tod und Leben gestanden sei, also sich hätte für das Leben entscheiden können (S. 81, Z. 20 ff.). Moritz hat sich aber geirrt, auch noch bei seiner letzten Entscheidung. Sein Lebensweg und sein Tod sind tragisch bestimmt von Furcht und Verkennung.

Melchior

Von den drei jugendlichen Hauptfiguren des Stücks ist Melchior diejenige mit dem kompliziertesten Charakter. Er ist sehr intelligent, sieht gut aus, wird von seinen Schulkameraden geachtet und kommt bei den Mädchen gut an. Auch seine Eltern und die Lehrer unterschätzen ihn nicht. Er versucht, den Dingen auf den Grund zu gehen, rationale Erklärungen für alles zu finden, was ihm begegnet oder ihn interessiert, seien es die Phänomene der Sexualität (I, 2), existenzielle Fragen (I, 2) oder Probleme der Ethik (I, 5). Den schulischen Anforderungen zu genügen, bereitet ihm keine Schwierigkeiten, er verachtet die Lehrer und würde sie wohl zu demütigen wissen, wenn der Rektor ihm bei der Befragung nicht ständig ins Wort fiele (III, 1). Die Schule und ihre ihm sinnlos erscheinenden Anforderungen bringen ihn so weit, den **Sinn des Lebens** in Frage zu stellen: „Möchte doch wissen, wozu wir eigentlich auf der Welt sind!“ (S. 9, Z. 16 f.); „Das Leben ist von einer ungeahnten Gemeinheit.“ (S. 29, Z. 12 f.). Natürlich sind derartige Äußerungen auch auf die Neigung von jungen Menschen zu Übertreibungen und extremen Gedanken zurückzuführen; aber es ist gut nachvollziehbar, dass Melchior extrem reagieren muss, wenn er spürt, welche seelischen Verheerungen der schulische und elterliche Leistungsdruck bei seinem Freund Moritz bereits angerichtet hat.

Im Hinblick auf **Fragen der Sexualität** ist Melchior, obwohl ein Jahr jünger als Moritz, schon wesentlich weiter als dieser. Seine ersten „männlichen Regungen“ haben bei ihm keinen großen Eindruck hinterlassen, sein Wissen über die „Fortpflanzung“ hat er „teils aus Büchern, teils aus Illustrationen, teils aus Beobachtungen in der Natur“ bezogen (S. 14, Z. 6 ff.), also auch nicht durch Aufklärung von Seiten der Eltern. Was in der Theorie für Melchior wohl ziemlich selbstverständlich ist – sodass er für Moritz eine Informationsschrift „Der Beischlaf“ verfassen kann –, stürzt ihn in konkreten Situationen nichtsdestotrotz in große Turbulenzen. Dies zeigt sich bei seinen zwei Begegnungen mit Wendla. Als er im Wald (I, 5) von ihr aufgefordert wird, sie zu schlagen, fühlt er sich sowohl emotional als auch erotisch provoziert. Dass er das Mädchen nun wütend und unkontrolliert verprügelt, ist einerseits auf diese Provokation zurückzuführen, zum andern darauf, dass Melchiors altersbedingte Triebansprüche einen Ausweg, eine Kompensation suchen und diese in dem durchbrechenden Sadismus finden. Bei der zweiten Begegnung mit Wendla auf dem Heuboden bleibt es nicht beim Austausch von Kompensationshandlungen, sondern es kommt sehr schnell zur Vereinigung. Gleichzeitig wehrt sich der Verstandesmensch Melchior gegen die Tatsache, dass er von seinen Gefühlen für Wendla und von ihrer körperlichen Anziehungskraft überwältigt worden ist: „O glaub mir, es gibt keine L i e b e ! Alles Eigennutz, alles Egoismus! – Ich liebe dich so wenig, wie du mich liebst. – –“ (S. 41, Z. 1 ff.) Dass er über Liebe und Sexualität nicht gerne spricht, wenn er selbst betroffen ist, merkt man auch an seiner kurz angebundenen, abwehrenden Reaktion auf Moritz’ Kommentar zur Aufklärungsschrift (S. 32 f.). Auch die scheinbare Souveränität Melchiors auf diesem Gebiet hat demnach ihre Grenzen. Seine Hemmungen und Vorbehalte sowie das Kompensationsverhalten gegenüber Wendla (in I, 5) stehen letzten Endes, wie auch die Probleme Wendlas und Moritz’, ebenfalls im Zusammenhang mit der von der Gesellschaft, so auch von seinen Eltern, betriebenen Tabuisierung und Dämonisierung des Themas (Herr Gabor spricht in diesem Zusammenhang von „moralische[m] Irrsinn“, S. 62).

Wie stark Melchior innerlich wirklich von seiner flüchtigen, aber intensiven Beziehung zu Wendla berührt worden ist, zeigt sich in der letzten Szene auf dem Friedhof. Beim Anblick ihres Grabsteins erfassen ihn **verzweifelte Schuldgefühle** und er ist fast so weit, den Lockrufen des Geistes von Moritz zu folgen, der ihm das Jenseits als ungemein reizvoll und das Diesseits als erbärmlich schildert. Melchior hängt nicht mehr am Leben, er bezeichnet sich, völlig die Maßstäbe verlierend, als „die verabscheuungswürdigste Kreatur des Weltalls …" (S. 78, Z. 5 f.). Erst das Erscheinen des vermummten Herrn und dessen Argumente vermögen ihn wieder zu beruhigen und ihm Zuversicht im Hinblick auf ein Leben unter Menschen zu geben. Ausschlaggebend für sein Nachgeben – trotz seiner „enervierenden Zweifel an allem" (S. 81, Z. 36) – ist offenbar das Element der Vernunft in den Darlegungen des Fremden. Ebenso wie Wendla und Moritz ist Melchior noch ein unfertiger Mensch, trotz deutlich größerer innerer Kraft **benötigt auch er noch** die **Führung** durch einen Erwachsenen. Er akzeptiert sie nur, weil dieser Erwachsene völlig anders ist als diejenigen, die er bisher kennengelernt hat.

Der vermummte Herr

Der vermummte Herr ist keine *Person*, die man auf die übliche Weise charakterisieren kann, aber er ist eine äußerst wichtige *Figur* in Wedekinds Stück. In dem Gespräch mit Melchior (III, 7) weigert er sich standhaft, zu sagen, wer er ist. Zuerst macht er dem Jungen sowie dem Geist klar, wie nichtig ihre Reden sind: Melchiors, weil er wegen körperlicher Schwäche gar nicht fähig sei, zu urteilen, auch über sich selbst nicht, und die des Gespenstes, weil seine Aussagen über das Jenseits reine Prahlerei seien. Nach kurzer Zeit hat er Melchior so weit, dass dieser – trotz bleibender Zweifel – von seinen defätistischen Vorsätzen abrückt.

Was ist das für eine Gestalt, die dem Jungen Versprechungen macht wie Mephisto dem zweifelnden Faust: „Ich gebe dir Gelegenheit, deinen Horizont in der fabelhaftesten Weise zu erweitern. Ich mache dich ausnahmslos mit allem bekannt, was die Welt Interessantes bietet“ (S. 79, Z. 20 ff.)? Das sind Versprechungen, die weit über Melchiors bisherige Lebensperspektiven hinausreichen. Dabei wird aber nicht das „warme[] Abendessen“ (S. 79, Z. 11 f.) ausgeklammert, es soll Melchior aus seiner *momentanen* Fassungslosigkeit heraushelfen. Der vermummte Herr repräsentiert eine Welt, in der materielle Absicherung („Abendessen“) genauso wichtig ist wie Weltoffenheit und Lebensgenuss. Man kann diese Welt als Chance begreifen, wie Melchior, oder übersehen, wie Moritz (S. 81, Z. 20 ff.). Der vermummte Herr will dem Jungen zeigen, wie sein Leben in der Zukunft, also als Erwachsener, aussehen kann. Es hebt sich entscheidend von dem engen Leben ab, welches Melchior von seinen Eltern und den übrigen Erwachsenen in seinem Umfeld kennt. Der vermummte Herr **personifiziert** diese **bessere, freiere Zukunft**. Man könnte in diesem Zusammenhang auch von einer **Utopie** sprechen. Im Wesen einer Utopie liegt es auch, dass sie verhältnismäßig allgemein bleibt und nur die großen Linien erkennen lässt. Im Detail muss sie – diese Assoziation drängt sich auf – „vermummt“ bleiben.

Die Eltern

Frau Bergmann

Die Mutter Wendlas erzieht ihre Tochter offenbar allein und würde sie gerne so behalten, wie sie ist (S. 7, Z. 22 ff.), nämlich als ein von allem Wissen um Liebe und Sexualität völlig unberührtes „Engelsgeschöpf“ (S. 34, Z. 33 f.). Indem sie Wendla jegliche Aufklärung vorenthält, trägt sie entscheidend dazu bei, dass ihre Tochter sich Melchior auf dem Heuboden hingibt, ohne wirklich zu wissen, was mit ihr geschieht. Auch die Folgen, Wendlas Schwangerschaft, versucht Frau Bergmann zunächst mit „Bleichsucht“ (S. 69, Z. 32, und S. 70, Z. 4, 7 und 8) zu erklären, um sie dann mithilfe der Mutter Schmidtin zu beseitigen.

Dies alles tut Frau Bergmann nicht, weil sie bösartig ist und ihrer Tochter schaden will. Im Gegenteil, Wendla ist ihr Ein und Alles, sie glaubt, sie durch ihr Verhalten vor der Schlechtigkeit der Welt beschützen zu können. In erster Linie gilt dieser Schutzversuch jedoch ihrer eigenen, von kleinbürgerlicher Moral bestimmten Welt. In dieser Welt, die auch von engen religiösen Vorstellungen mitgeprägt ist, zum Beispiel jener von der Sündhaftigkeit des Fleisches, ist **Sinnlichkeit eine Bedrohung**. Mit einer angemessenen Aufklärung ihrer Tochter würde sie dieser Bedrohung Eingang in ihre ‚intakte' Familie verschaffen: „Aber es geht ja nicht, Kind! – Ich kann es ja nicht verantworten." (S. 36, Z. 28 f.). Dass sie mit dieser Einstellung mitschuldig am Tod ihrer Tochter wird, kommt ihr überhaupt nicht in den Sinn.

Herr Gabor

Der Vater Melchiors vertritt im Hinblick auf die Erziehung sehr **harte Grundsätze**, jedenfalls in der Theorie. Im praktischen Leben hat er Melchior wohl nicht so hart angefasst, wie er dies im Nachhinein für notwendig hält. Für ihn ist die Schrift Melchiors, die zu dessen Relegation von der Schule geführt hat, ein Beweis für die moralische Verworfenheit seines Sohnes, dieser sei „im innersten Kern seines Wesens angefault" (S. 62, Z. 16 f.). Auch dass Melchior Wendla verführt hat, liegt für Herrn Gabor auf dieser Linie. Wenn er nun die Korrektionsanstalt für das einzige Mittel hält, um seinen Sohn auf den richtigen Weg zurückzuführen, dann verweist dies auf ein darwinistisch geprägtes Denken: Wenn Melchior stark ist, wird er sich durchsetzen, wenn nicht, „bleibt" er „am Wege" (S. 62, Z. 5). Herr Gabor erwartet von seinem Sohn, dass er sich nach seinen ‚Fehltritten' wieder den Vorstellungen seiner Eltern anpasst, und dazu gehört in erster Linie die Abwendung von „moralische[m] Irrsinn" (S. 62, Z. 27). Diese Abwendung würde die gelockerte Abhängigkeit Melchiors von seinen Eltern wieder herstellen und damit auch das ins Wanken geratene Gleichgewicht der Familie.

Frau Gabor

Von allen Erwachsenen scheint die Mutter Melchiors diejenige zu sein, die am meisten Verständnis für die Sorgen und Probleme der Jugendlichen aufbringt. Zwar lehnt sie in ihrem Brief an Moritz (II, 5) dessen Bitte um finanzielle Unterstützung seiner Fluchtpläne ab, aber sie versichert ihm, trotz seiner schulischen Misserfolge ein auch ihr stets willkommener Freund ihres Sohnes und ein wertvoller Mensch zu sein. Sie macht ihm für die Zukunft Mut, ist aber nicht imstande, seine Selbstmordpläne wirklich ernst zu nehmen. Das bedeutet, dass sie das Verhalten von Moritz letzten Endes eher aus ihrer grundsätzlichen Einstellung gegenüber Jugendlichen und nicht aus der realen Situation heraus beurteilt. Sie verhält sich tolerant und nicht wenig großzügig. Ihre Erziehungsgrundsätze beruhen jedoch auf einer vielleicht allzu emphatischen und **idealistischen Vorstellung vom Wesen ihres Sohnes**. In ihrem Streitgespräch mit ihrem Mann über die Verschickung Melchiors in eine Korrektionsanstalt (III, 3) charakterisiert sie ihren Sohn in folgender Weise:

> *Gott, Gott, dieses frühlingsfrohe Herz – sein helles Lachen – alles, alles – seine kindliche Entschlossenheit, mutig zu kämpfen für Gut und Recht – o dieser Morgenhimmel, wie ich ihn licht und rein in seiner Seele gehegt als mein höchstes Gut …* (S. 64, Z. 3 ff.).

Frau Gabor hebt ihren Sohn auf ein Podest, was die Gefahr in sich birgt, dass sie sich enttäuscht von ihm abwenden wird, sobald sich herausstellt, dass er nicht dem Ideal entspricht, zu dem sie ihn verklärt hat. Genau das geschieht, als sie erfährt, dass Melchior sich an Wendla ‚versündigt' hat. Zum Erstaunen ihres Mannes ist sie sofort bereit, der harten Disziplinierung ihres Sohns in der Korrektionsanstalt zuzustimmen. Für Frau Gabor bricht gleichsam eine Welt zusammen, als sie erkennen muss, dass ihr Sohn nicht nur der ‚unschuldige', mit dem Sexuellen nur theoretisch befasste Junge ist, sondern dass er eigene Triebansprüche hat und ihnen auch Rechnung trägt. Damit erweist sich ihre Liberalität in gewisser Weise doch als oberflächlich. Letztlich unterscheidet sie sich weniger von ihrem Mann und den anderen Erwachsenen des Stücks, als sie vermutlich glaubt.

Rentier Stiefel

Der Vater von Moritz übt gemeinsam mit seiner Frau einen ungeheueren Leistungsdruck auf seinen Sohn aus. Für ihn ist die schulische Leistung gleichbedeutend mit dem Wert eines Menschen. So wird er auch von Moritz gesehen: „Wenn ich durchfalle, rührt meinen Vater der Schlag, und Mama kommt ins Irrenhaus“ (S. 28, Z. 33 ff.). Für den **Kleinbürger** Stiefel gefährdet der schulische Misserfolg des Sohnes und dann dessen Selbstmord seinen eigenen sozialen Status. Anstatt den Lehrern, vertreten durch Rektor Sonnenstich und Professor Knochenbruch, beim Begräbnis seines Sohnes scharfe Vorhaltungen zu machen, versteigt er sich dazu, seine Vaterschaft an Moritz zu leugnen: „Der Junge war nicht von mir!“ (S. 57, Z. 15 f.). Seine *„tränenerstickte[] Stimme“* (S. 57, Z. 14) ist nicht Ausdruck der Trauer um seinen unglücklichen Sohn, sondern nur Artikulation seines **Selbstmitleids**. Bestärkt wird er in seiner selbstgerechten, die natürlichen Gefühle eines Vaters pervertierenden Einstellung durch **Onkel Probst** und **Freund Ziegenmelker**.

Die Karikaturen

Bereits die Namen lassen erkennen, dass die Vertreter der Pädagogik, Theologie und Medizin als Karikaturen anzusehen sind. Die satirische Verzerrung soll dazu dienen, die Einstellungen und das Verhalten dieser Figuren in ein besonders grelles Licht zu tauchen.

Das Professorenkollegium

Die Herren Sonnenstich, Knochenbruch, Affenschmalz, Zungenschlag, Hungergurt, Knüppeldick und Fliegentod präsentieren sich als völlig ahnungslos oder auch **desinteressiert** gegenüber den Problemen junger Menschen. Ihnen scheint der Streit um ein zu öffnendes oder geschlossen bleibendes Fenster weit wichtiger als der Tod eines ihrer Schüler. Die „Veranlassung zur Selbstentleibung" (S. 55, Z. 11) soll Melchior zugeschoben werden, die Schule selbst will sich durch die Relegation „des weiland Ruchlosen" (S. 54, Z. 33) sowohl von aller Schuld freisprechen als auch eine „Selbstmord-Epidemie" verhindern (S. 51, Z. 26 f.). Der Rektor versucht mit moralisierenden Phrasen die völlige Unfähigkeit der Lehrer zu kaschieren, die Lebenssituation der Schüler und ihre altersbedingten Wünsche und Bedürfnisse zu begreifen. Den Professoren geht es nur um ein **stures Aufrechterhalten des Leistungsprinzips** auf der Grundlage der Vermittlung lebensferner Unterrichtsinhalte sowie um die bedingungslose Unterordnung der Schüler. Ein Spiegel dieser Einstellung ist ihre inhumane Form des Umgangs mit den Schülern. Melchior wird in der Konferenz einem erbarmungslosen Verhör unterzogen, wobei ihm ständig das Wort abgeschnitten wird. Und auf dem Friedhof wird der tote Moritz durch die Worte des Rektors noch posthum beleidigt.

Medizinalrat Dr. von Brausepulver

Der Arzt ist ein bodenloser Ignorant. Er vermag die Symptome der Schwangerschaft Wendlas nicht zu erkennen, verordnet die „Blaudschen Pillen" (S. 67, Z. 33 f.), offenbar ein Allerweltsmittel, und ist sich sicher, damit die diagnostizierte „Bleichsucht" bekämpfen zu können. Er zeigt sich als ein eitler, geschäftig auftretender, in besseren Kreisen verkehrender, dabei aber sehr verantwortungslos handelnder Vertreter der Medizin.

Pastor Kahlbauch

Auch der Pastor vertritt seinen Stand auf eine sehr merkwürdige Art: Anstatt sich Gedanken über die Gründe für die Selbsttötung von Moritz zu machen, fällt ihm nichts Besseres ein, als dessen Verhalten als mehrfach verdammenswert herauszustellen (S. 56, Z. 31 ff.). Um seine christliche Nächstenliebe ist es genauso schlecht bestellt wie um seine theologische Kompetenz, denn er verwechselt, falsch zitierend, den Römerbrief mit dem Ersten Korintherbrief (S. 57, Z. 36 ff.).

Jugendliche Nebenfiguren

Ilse

Obwohl aus denselben Kreisen stammend wie die übrigen Protagonisten des Stücks, ist das Mädchen Ilse doch eine ganz und gar **unbürgerliche Figur** (geworden). Ihr Umfeld ist die exzentrische, wild in den Tag hineinlebende Bohème in der Stadt. Dabei kann man sich gut die entsprechenden Szenen in München oder Berlin vorstellen, die Wedekind ja vertraut waren. Ilse hätte für Moritz, ebenso wie der vermummte Herr für Melchior, die Rettung sein können. Sie bietet ihm an, mit ihr nach Hause zu kommen. Bei ihr hätte er „das Menschlichste“ (S. 45, Z. 1 f.) kennenlernen und seinen Selbsttötungsvorsatz wenigstens verdrängen können, doch er ist „in der Stimmung nicht“, hat keinen „freien Kopf“ und kein „fröhliche[s] Herz“ (S. 49, Z. 28 f.). Ilse plädiert mit ihrer unbeschwerten, unkonventionellen und **sinnlichen Präsenz** auf eine andere Art als der vermummte Herr, aber auch sehr eindeutig für das Leben und gegen den Tod. Moritz hat nicht mehr die Kraft, ihr zu folgen.

Hänschen Rilow

An Hänschen Rilow zeigen sich, wie auch bei einigen anderen Heranwachsenden in dem Stück, die **sexuellen Nöte pubertierender Jugendlicher** auf eine unmissverständliche Weise.

„HÄNSCHEN RILOW […] Wenn ich sie herzählen wollte – all die Entschlafenen, mit denen ich hier den nämlichen Kampf gekämpft! […] dann ein Amor von Bouguereau […].“ (II, 3)

William Adolphe Bouguereau (1825–1905)

„Le Ravissement de Psyche“ („Der Raub der Psyche“)

Öl auf Leinwand, 1895

„HÄNSCHEN RILOW […] Ada von I. van Beers – diese Ada, die ich Papa aus einem Geheimfach seines Sekretärs entführen musste, um sie meinem Harem einzuverleiben […].“ (II, 3).

Porträt von Ada Rehan in der Rolle der Lady Teazle in der „School for Scandal“ des britischen Dramatikers Richard Brinsley Sheridan (1751–1816). Gemälde des belgischen Malers Jan van Beers (1822–1888)

Hänschen kümmert sich jedoch nicht um Moral und bürgerliche Wohlanständigkeit, sondern verschafft sich durch Masturbieren (II, 3) und homoerotische Zärtlichkeiten (III, 6) Erleichterung. Er ist unkomplizierter als Melchior und Moritz und entkommt so der tristen Gegenwart, ohne an den eigenen Tod zu denken.

„Io und Zeus" (1531/1532, Ausschnitt). – Gemälde des italienischen Malers Antonio Allegri, genannt Correggio (1489–1534). Io ist eine von Hänschens „Todeskandidatinnen" (S. 38, Z. 30, und S. 39, Z. 1)

3 Zentrale Themen und Motive

Junge Menschen – „als würden sie über Stromschnellen gerissen"

Dieses Bild, welches Moritz verwendet, um den durch körperliche Liebe verursachten Sturm der Gefühle zu beschreiben, (S. 44, Z. 33 f.), verdeutlicht eindringlich die Turbulenzen, denen die Jugendlichen, speziell die drei Hauptfiguren, in *Frühlings Erwachen* immer wieder ausgesetzt sind. Damit sollen keineswegs nur die Nöte charakterisiert werden, welche durch die erwachenden sexuellen Bedürfnisse verursacht werden. Vielmehr steht das Bild generell für einen **Zustand der Unruhe**, der partiellen Ohnmacht, aber auch für ständig wechselnde neue Eindrücke, Gefühle und Hoffnungen.

Von allen jungen Leuten, die in dem Stück auftreten, ist **Melchior** derjenige, der am deutlichsten die Wesenszüge eines (natürlich noch unfertigen) kritischen Intellektuellen erkennen lässt, der sich auch schon in jungen Jahren **Gedanken über den Sinn des Lebens** macht. Er steht den Meinungen der Gleichaltrigen und der Erwachsenen immer mit großer **Skepsis** gegenüber. Der vermummte Herr spricht in diesem Zusammenhang vom „enervierenden Zweifel an allem" (S. 81, Z. 36). Dieser zeigt sich etwa in dem Gespräch mit Wendla (I, 5), als Melchior an der Selbstlosigkeit und Aufopferungsbereitschaft von Wohltätern zweifelt und etwa den „Geizigen" dafür entschuldigt, dass es ihm keine Freude macht, Wohltaten zu vollbringen (S. 24 f.). Letzten Endes sieht er die Menschen als Egoisten, die man nicht dafür verurteilen dürfe, dass sie so sind, wie sie der Zufall eben hat werden lassen. Dahinter stehen eindeutig entsprechende Ansichten des Autors (vgl. *Interpretationshilfe* S. 4 f.).

Hagen Voigt als Moritz und Georg Schmikale als Melchior (Frankfurt a. d. Oder, 2006)

Eine ähnliche Meinung scheint auch Moritz zu vertreten, wenn er die Zufälligkeit seiner Existenz sogar als Argument für sein Recht anführt, sich aus dem Leben verabschieden zu dürfen (S. 43 f.). Nimmt man dazu noch die sarkastischen Aussprüche von Melchior – „Möchte doch wissen, wozu wir eigentlich auf der Welt sind!" (S. 9, Z. 16 f.); „Das Leben ist von einer ungeahnten Gemeinheit. Ich hätte nicht übel Lust, mich in die Zweige zu hängen." (S. 29, Z. 12 ff.) – sowie die doch verhältnismäßig schnell gefassten Entschlüsse, sich das Leben zu nehmen (Moritz) beziehungsweise dem Ruf des Gespenstes ins Jenseits zu folgen (Melchior), dann kann durchaus der Eindruck entstehen, Wedekind habe hier Repräsentanten einer Generation von Jugendlichen auf die Bühne gestellt, die dem Leben gegenüber sehr pessimistisch oder sogar mutlos eingestellt ist.

Ein Gutteil dieser Einstellung ist sicher in der grundsätzlichen Unsicherheit und in den starken Gefühlsschwankungen von Jugendlichen dieses Alters begründet. Der Autor hat die daraus resultierenden Verhaltensweisen im **Motiv der Kopflosigkeit** symbolisiert. „Kopflos" handeln sie alle, in erster Linie natürlich Moritz. Es ist kein Zufall, dass *er* die Geschichte von der „Königin ohne Kopf" erzählt und sich damit unfreiwillig und sogar vorausgreifend selbst charakterisiert. Ironisch meint er: „Möglich, dass mir noch mal einer [ein Kopf] aufgesetzt wird." (S. 30, Z. 14 f.). Für den ohnehin unsicheren und von widerstreitenden Gefühlen geplagten Moritz bedarf es ‚nur' einer Wendung seiner schulischen Geschicke zum Schlechten, und schon verliert er völlig den Kopf: Er will sich ins Ausland absetzen, versucht, Frau Gabor mit der Androhung des Selbstmords zu erpressen und nimmt sich schließlich das Leben, obwohl es noch ein Zurück gegeben hätte, wie das Erscheinen Ilses deutlich macht.

Auch der scheinbar weitgehend von vernünftigen Überlegungen gesteuerte Melchior handelt ‚kopflos', als er wie besessen auf Wendla einschlägt (I, 5) oder als er sich durch den Tod Wendlas in eine abgrundtiefe Verzweiflung hineinziehen lässt (III, 7). Wendla, das offene, fröhliche Mädchen, verliert ebenfalls den Kopf, als sie darauf besteht, von Melchior geschlagen zu werden (I, 5), und Ilse befindet sich auf der Tour durch die Betten der Kleinstadtkünstler in einem permanenten Zustand der Kopflosigkeit (II, 7).

Es gibt jedoch **neben der altersbedingten Unsicherheit auch ganz handfeste Gründe**, welche die jungen Leute ‚kopflos' werden lassen: Für Moritz ist der **Erfolg in der Schule** und die damit zusammenhängende Anerkennung durch seine Eltern von existenzieller Bedeutung. Als er nach der widerrechtlichen Einsicht in das Protokoll die Gewissheit zu haben scheint, „promoviert" worden zu sein, gibt er zu, dass er sich andernfalls erschossen haben würde. Später tut er dies ja auch in einer Anwandlung von ‚Kopflosigkeit'.

Für Melchior hingegen ist Erfolg an der Schule etwas Selbstverständliches. Auch als er Probleme mit dieser Institution bekommt und relegiert werden soll, reagiert er nicht ‚kopflos'. Dies ist erst der Fall, als der **Tod Wendlas** und die damit verbundenen Schuldgefühle ihm den Boden unter den Füßen wegzuziehen drohen. Aus Verzweiflung und Selbstverachtung ist er kurz davor, den Verlockungen seines toten Freunds zu erliegen und sich ebenfalls selbst zu töten (vgl. III, 7).

Aus heutiger Sicht würde man den Grund für Melchiors ‚Kopflosigkeit' als deutlich zwingender ansehen als jenen von Moritz. Das Gefühl, schuld am Tod eines geliebten Menschen zu sein, wird immer eine extreme Belastung für die Psyche des Betreffenden sein. Doch auch bei Moritz liegen Schuldgefühle vor: Er ist der Meinung, mit seinem Scheitern seine Familie zwar nicht zerstört, aber doch stark gefährdet zu haben. Letzten Endes bestätigt er durch seine Extremreaktion, dass er die auf Unterdrückung basierenden Strukturen in seiner Familie anerkennt. Wäre dies nicht der Fall gewesen, hätte er sich nicht das Leben nehmen dürfen, sondern hätte aufbegehren müssen. Melchiors Verhalten lässt zumindest Ansätze dazu erkennen.

Eine zentrale Rolle im Denken und Fühlen der Jugendlichen spielt die **Sexualität**. Sie sind in dem Alter, in dem ihr Körper eindeutige Signale gibt, ihr Verstand nach Erklärungen sucht und ihre natürlichen Triebe und Empfindungen nach Erfüllung drängen. Damit stoßen die Jungen und Mädchen aber auf erhebliche Vorbehalte, Vorurteile und Verbote von Seiten der Erwachsenen. Die Eltern, auf hervorgehobene Weise Frau Bergmann, verweigern ihren Kindern eine angemessene Aufklärung (vgl. II,2 und III,5), verurteilen die theoretische Beschäftigung mit sexuellen Vorgängen als Beweis für einen „angefault[en]" Charakter (Herr Gabor in III,3) oder gestehen den Jugendlichen zwar die theoretische Beschäftigung zu, verdammen jedoch jede Form von sexueller Aktivität im Jugendalter (Frau Gabor in III,3). Für die Lehrer, für die Rektor Sonnenstich spricht, ist allein die gedankliche Beschäftigung mit dem Thema „Sexualität" ein Verstoß gegen die „Diskretion der Verschämtheit einer sittlichen Weltordnung" (III,1, S. 56, Z. 10 f.). Mit dieser hohlen und darüber hinaus sprachlich schiefen Phrase macht der Rektor klar, wie er sich den Umgang mit dem Thema vorstellt: Man spricht und schreibt nicht darüber, man nimmt öffentlich keine Kenntnis davon. Von Seiten dieser Erzieher haben die jungen Menschen weder Aufklärung noch Verständnis zu erwarten.

Einige von ihnen helfen sich darum auf ihre Weise selbst: Sie diskutieren über das Thema, so Melchior und Moritz (vgl. I,2 und II,1), der besser Informierte klärt den Ahnungslosen auf, Melchior und Wendla lieben sich auf dem Heuboden (II,4), Hänschen Rilow und Ernst Röbel kommen sich im Weinberg näher (III,6), Hänschen Rilow befriedigt sich selbst und lässt sich dabei von einer Venus-Darstellung anregen (II,3), die Zöglinge in der Korrektionsanstalt toben sich aus, indem sie um die Wette masturbieren (III,4), Wendla will von Melchior geschlagen werden, und Melchior drischt wie besessen auf sie ein (I, 5). Auch die großzügigen Gunstbezeugungen Ilses gegenüber den Künstlern, denen sie als Modell dient, sind Teil einer Gegenwelt zur Welt der trockenen Vernunft, der Tabuisierung, Reglementierung und Sanktionierung, wie sie von den Erwachsenen vertreten und gelebt wird. An keiner Stelle stellt Wedekind Gedanken über die Sexualität oder sexuelle Handlungen als unanständig oder gar als pervers dar, denn sie sind für ihn ganz einfach natürlich.[15] Die Jugendlichen erleben das Erwachen ihrer Triebnatur (worauf schon der Titel *Frühlings Erwachen* hinweist) tatsächlich so, als „würden sie über Stromschnellen gerissen", nämlich faszinierend, wild, auch irgendwie bedrohlich und „kopflos". Sie wissen noch nicht ‚vernünftig' damit umzugehen, aber sie spüren, wie sehr Geschlechtlichkeit zum Menschsein gehört. Wedekind lässt Moritz diese Einsicht – kurz vor dessen Tod – auf den Punkt bringen: „Es hat etwas Beschämendes, Mensch gewesen zu sein, ohne das Menschlichste kennen gelernt zu haben." (S. 44, Z. 36 ff.). Der Autor redet keineswegs einem hemmungslosen Ausleben von Sexualität das Wort, aber er prangert es an, wenn jungen Menschen eine natürliche Entwicklung ihrer Sexualität verwehrt wird, noch dazu unter dem Vorwand, die sittliche Ordnung erhalten zu müssen. Für die Jugendlichen ist Sexualität nicht der Sinn des Lebens, aber eine Blockade dieses Bereichs macht es ihnen schwer, ihr Leben zu genießen.

Erziehung als missverstandenes Mittel zu einem fragwürdigen Zweck

Die Erziehung junger Menschen ist eine zentrale Aufgabe jeder Gesellschaft; im Prinzip muss es darum gehen, die in den Kindern und Jugendlichen vorhandenen Anlagen bestmöglich zur Entfaltung zu bringen, ihnen die notwendigen Fähigkeiten zur Behauptung in ihrer Umwelt zu vermitteln und sie auf diese Weise zu vollwertigen Mitgliedern der Gesellschaft zu machen.

Sonja Elena Schroeder als Wendla und Florian Kleine als Melchior in Andreas Dörings Inszenierung „Frühlings Erwachen – im Nirvana“ im Jungen Theater Göttingen (2004)

In Wedekinds Stück, in welchem Fragen der Erziehung eine entscheidende Rolle spielen, wird die Welt der Erwachsenen vornehmlich durch Eltern und Lehrer repräsentiert. Zwar werden deren Einstellungen und Verhaltensweisen als recht unterschiedlich dargestellt, es lässt sich jedoch nicht übersehen, dass allen Äußerungen und Maßnahmen eine gemeinsame Überzeugung zugrunde liegt: Etwas überspitzt ausgedrückt, wird den **Jugendlichen** der **Status von Objekten** zugewiesen. Diese ‚Objekte' haben sich den Vorstellungen der Eltern unterzuordnen, die Schule wirkt dabei unterstützend und verstärkend mit. Entscheidend für die Erzieher ist, dass das Kind im Wesentlichen „unschuldig“, „geschlechtsneutral“[16] bleibt und den schulischen Leistungsansprüchen genügt. Weil dies so gesehen wird, kann oder muss man die Verweigerung einer angemessenen Aufklärung (Frau Bergmann) oder die Einweisung in eine Korrektionsanstalt (Herr und Frau Gabor) als notwendigen Schutz der Heranwachsenden ausgeben. „Einem vierzehnjährigen Mädchen das sagen! Sieh, ich wäre eher darauf gefasst gewesen, dass die Sonne erlischt." (S. 70, Z. 36 ff.) So bricht es aus Frau Bergmann heraus, als Wendla sich darüber beschwert, nicht informiert worden zu sein. Herr Gabor fordert seine Frau auf, ihm nicht den Weg zu vertreten, „wenn ich dein und mein Unrecht an dem Jungen gutzumachen suche!" (S. 61, Z. 19 f.) Als „Unrecht" sieht Herr Gabor es an, dass er und seine Frau Melchior nicht rechtzeitig und mit der nötigen Härte daran gehindert haben, dem in der Schrift „Der Beischlaf" zum Ausdruck kommenden „Hang zum Unmoralischen" (S. 62, Z. 24 f.) zu folgen. Frau Gabor schließlich, welche das Verhalten Melchiors, also das Verfassen und Weitergeben der Schrift, ganz im Gegenteil als Ausdruck von „Harmlosigkeit" und „kindliche[r] Unberührtheit" (S. 63, Z. 19 f.) bezeichnet, vergisst alle Prinzipien ihrer liberalen Erziehung, als sie erfährt, dass Melchior sich an Wendla „vergangen" hat (S. 64, Z. 12 ff.). „In die Korrektionsanstalt" ist alles, was sie dem nun auch beinahe ratlos gewordenen Gatten zu sagen vermag (S. 65, Z. 11). Hier stellt sich heraus, dass Frau Gabor es bei aller Toleranz nicht hinnehmen will, dass ihr Sohn seine Unschuld nicht nur im Hinblick auf seine Kenntnisse verloren hat. Mit ihrer Wunschvorstellung von „kindliche[r] Unberührtheit" ist dies nicht mehr zu vereinbaren. Herr Gabor, Frau Bergmann und die übrigen erziehenden Personen denken noch viel enger. Wenn sie – und in gewisser Weise auch Frau Gabor – den Jugendlichen eine angemessene Aufklärung und ein angemessenes Maß an Selbstständigkeit verweigern, dann tun sie dies – bewusst oder unbewusst –, um die Abhängigkeit der Heranwachsenden vom Elternhaus möglichst lange aufrechtzuerhalten und damit ihren Status innerhalb der Familie und nach außen hin nicht zu gefährden.

Ganz wesentlich für das Erziehungsverständnis der Erwachsenen, nimmt man einmal Wendlas Mutter aus, sind die von den Jugendlichen erbrachten **schulischen Leistungen**. Worin diese Leistungen zu bestehen haben, wird von der Schule beziehungsweise vom zuständigen Ministerium vorgegeben. Was die Schüler von diesem Angebot halten, bringen Moritz und Melchior recht drastisch zum Ausdruck, als sie wieder einmal mit einer Vielzahl ihnen sinnlos erscheinender Aufgaben konfrontiert werden: „Möchte doch wissen, wozu wir eigentlich auf der Welt sind!“, meint Melchior. „Lieber wollt ich ein Droschkengaul sein um der Schule willen!“, klagt Moritz (S. 9, Z. 16 ff.). Die Eltern sehen die Bedeutung der Schule natürlich anders. Moritz muss extrem darunter leiden und geht auch daran zugrunde, dass seine Eltern seinen Wert offenbar über sein schulisches Leistungsvermögen definieren. Wenn es dann nicht klappt mit dieser Leistung und wenn sich der missratene Sohn in seiner Verzweiflung auch noch das Leben nimmt, dann verleugnet der Vater sogar noch seine Vaterschaft (S. 57, Z. 15 ff.). Das ist eine Ungeheuerlichkeit, eine Gefühlsrohheit ohnegleichen, die durch den Umstand, dass der Rentier Stiefel, sich selbst bemitleidend, mit *„tränenerstickter Stimme“* spricht, noch satirisch verstärkt wird. Moritz kann nicht mit Verständnis rechnen, er macht seinen Eltern deswegen aber keine Vorwürfe: „Meine Eltern mache ich nicht verantwortlich.“ (S. 44, Z. 1 f.) Im Gegenteil, er hat, als schulischer Versager, ihnen gegenüber Schuldgefühle, weil er sein Scheitern nicht auf das Verhalten der Eltern oder auf das Schulsystem zurückführt, sondern eher auf persönliches Versagen beziehungsweise auf die Tatsache, eben so geworden zu sein, wie er nun einmal ist (S. 43 f.). Genau diese Einstellung fördern aber die Eltern mit ihrer Erziehung: Die Kinder sollen akzeptieren, was ihnen vorgesetzt wird, sollen büffeln wie die Ochsen, um Erfolg zu haben, und sollen sich persönlich schuldig fühlen, wenn der Erfolg ausbleibt. Die schulische Leistung ist das eine Band, mit dem die Abhängigkeit der Jugendlichen vom Elternhaus aufrechterhalten wird, das andere ist, wie bereits dargestellt, die Verweigerung einer altersgemäßen Sexualerziehung. Der kopflose Moritz kommentiert diese Einstellung sehr sarkastisch mit folgenden Worten: „Eltern sehen wir Kinder in die Welt setzen, um ihnen zurufen zu können: Wie glücklich ihr seid, solche Eltern zu haben! – und sehen die Kinder hingehn und desgleichen tun.“ (S. 77, Z. 23 ff.)

Ein Gymnasialprofessor taucht unvermutet zwischen Schülerinnen und Schülern auf. Szene aus der Münchner Inszenierung von „Frühlings Erwachen“ (2006)

Dass die **Darstellung der Lehrer** eine andere Dimension hat als jene der meisten anderen Personen, lässt sich bereits an der Namengebung, der von ihnen verwendeten geschraubten Sprache und der Unfähigkeit zu einem angemessenen Diskussionsverhalten ersehen (III, 1). Wedekind hat durch satirische Verstärkung diejenigen Verhaltensweisen der Lehrer in den Mittelpunkt gerückt, die typisch für ihr verfehltes erzieherisches Verhalten sind. Dazu gehört in jedem Fall die bedingungslose Fixierung auf ein rigides Leistungsprinzip. Dies führt zu einem beschämenden Konkurrenzkampf unter den Schülern, denen das Versagen eines Mitschülers gerade recht kommt, weil dadurch die Chancen auf die eigene Versetzung verbessert werden (vgl. I, 4). Von Solidarität unter den Schülern kann unter diesen Umständen keine Rede sein, im Gegenteil, einigen von ihnen fehlt jedes Verständnis dafür, dass die Ansprüche der Schule einen Schüler seelisch völlig zerstören können. Dies wird bei der Beerdigung von Moritz besonders deutlich (III, 2). Der Kommentar von Otto zeigt, dass eine ausschließlich auf Leistung und Unterordnung setzende ‚Pädagogik' zwangsläufig ein Klima der Inhumanität erzeugt: „Hätte er die griechische Literaturgeschichte gelernt, er hätte sich nicht zu erhängen brauchen!" (S. 59, Z. 23 f.) Eine ähnliche Inhumanität (sieht man einmal von der ignoranten Verwechslung der Todesart ab) kommt auch in Äußerungen der Lehrer bei der Beerdigung zum Ausdruck: Rektor Sonnenstich bezeichnet den Selbstmord, äußerst umständlich und unsinnig argumentierend, als den „denkbar bedenklichste[n] Beweis für die sittliche Weltordnung, indem der Selbstmörder der sittlichen Weltordnung den Urteilsspruch zu sprechen erspart und ihr Bestehen bestätigt." (S. 57, Z. 20 ff.) Den Vater von Moritz ‚tröstet' er mit den Worten: „Wir hätten ihn ja wahrscheinlich doch nicht promovieren können!" (S. 58, Z. 6 f.). Professor Knochenbruch steigert diese unmögliche Form der Kondolenz noch, indem er versichert: „Und wenn wir ihn promoviert hätten, im nächsten Frühling wäre er des allerbestimmtesten sitzen geblieben!" (S. 58, Z. 9 ff.). Auch bei anderen Gelegenheiten zeigt sich mit großer Deutlichkeit, dass es den Vertretern *dieser* Schule nicht darum geht, die Schüler verständnisvoll und entsprechend ihren individuellen Anlagen zu fördern. Sie, an der Spitze Rektor Sonnenstich und Professor Knochenbruch, setzen stur auf ihr undifferenziertes Leistungsprinzip: „KNOCHENBRUCH Mir unbegreiflich, verehrter Herr Kollega, wie sich der beste meiner Schüler gerade zum allerschlechtesten so hingezogen fühlen kann." (S. 22, Z. 19 ff.) Als Hänschen Rilow dem Rektor mitteilt, dass der Schüler Max von Trenk soeben am Nervenfieber gestorben sei, reagiert Sonnenstich mit dem Hinweis, dass Hänschen noch zwei Stunden nachzusitzen habe (S. 31, Z. 3 ff.).

Die Kritik Wedekinds an den Erziehungsprinzipien beziehungsweise dem Erziehungsstil der Eltern und der Schule äußert sich nicht nur in satirischer Überspitzung, sondern auch daran, dass **Alternativen zum herrschenden Erziehungsstil** diskutiert werden, und zwar, sieht man einmal von den zumindest im Ansatz liberalen Vorstellungen von Frau Gabor ab, von den Jugendlichen selbst. Moritz erläutert Melchior – natürlich noch etwas naiv –, dass er seine Kinder so aufwachsen lassen würde, dass sie auf ganz natürliche Weise mit dem anderen Geschlecht vertraut würden (S. 10, Z. 18 ff.). Und Martha Bessel, die von ihren Eltern fortwährend geschlagen wird, würde ihren Kindern dieselben Freiheiten einräumen, wie sie das Unkraut in ihrem Garten hat. So könnten sich die Anlagen der Kinder auf natürliche Weise entfalten (vgl. S. 17, Z. 26 ff.). Dass Martha Kinder unwillkürlich mit dem „Unkraut" im elterlichen „Blumengarten" identifiziert, zeugt dabei zum einen davon, wie sehr das Selbstwertgefühl der Kinder durch den elterlichen Einfluss gedrückt ist, und kann andererseits als ein subversives ironisches Signal des Autors gedeutet werden.

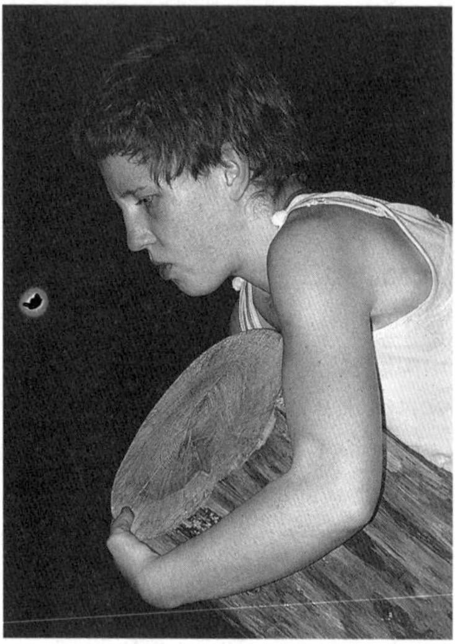

Kinder, die große Probleme mit sich herumschleppen: Katrin Klauschke als Wendla (Theater im Schuppen, Frankfurt a. d. Oder)

Die von den Jugendlichen entwickelten, an die Thesen der um 1900 aufkommenden *Reformpädagogik* angelehnten Vorstellungen stehen für Wünsche von jungen Menschen, die instinktiv erkennen, dass die Art und Weise, wie sie selbst erzogen werden, den Bedürfnissen ihrer Natur widerspricht. In der Handlung des Stücks bleiben die Wünsche allerdings unerfüllt; es kommt lediglich zu unterschiedlichen, teilweise auch selbstzerstörerischen Ausbruchsversuchen oder auch zu der von den Erwachsenen erwünschten Anpassung. Am Ende steht allerdings noch ein weiterer Lösungsvorschlag: das an Melchior gerichtete Angebot des vermummten Herrn.

Die Botschaft des vermummten Herrn

Der *vermummte Herr*, dem Frank Wedekind sein Drama gewidmet (S. 5) und den er bei der Uraufführung (und auch später) selbst dargestellt hat, ist wohl diejenige Figur in dem Stück, welche die Interpreten stets am meisten herausgefordert hat. Diese Figur tritt, gleichsam als *deus ex machina*, in einem für Melchior entscheidenden Moment auf: Dieser ist verzweifelt über den Tod von Wendla, fühlt sich schuldig daran und ist aus „Selbstverachtung“ fast schon entschlossen, den Verlockungen seines toten Freundes Moritz nachzugeben und diesem ins Jenseits zu folgen (S. 75 ff.). Da erscheint der vermummte Herr und greift auf äußerst prosaische Weise in das Gespräch zwischen dem Geist von Moritz und Melchior ein: „Du bebst ja vor Hunger. Du bist gar nicht befähigt, zu urteilen“, sagt er zu Melchior und zu Moritz: „Gehen Sie.“ (S. 78, Z. 9 ff.).

Nach diesem unvermittelten Beginn weist der Vermummte zum einen den von ihm so bezeichneten „Humbug“ des vom Jenseits schwärmenden Moritz zurück und hält diesem seine jämmerliche Existenz als verwesender Leichnam mit drastischen Worten vor. Auf der anderen Seite rüttelt er Melchior wach und versucht ihn von der psychischen und physischen Selbstzerstörung abzuhalten. Als ersten Schritt, um sich wieder zu fassen, empfiehlt er ihm ein „warme[s] Abendessen“ (S. 79, Z. 11 f.), das heißt ein Mittel zur Befriedigung eines primären körperlichen

Bedürfnisses. Das könnte seltsam erscheinen, denn die Probleme Melchiors liegen doch eindeutig auf der psychischen Ebene, Hunger und Erschöpfung machen ihm nicht zu schaffen, jedenfalls wird ihm dies nicht bewusst. Als nahe liegende Hilfen böten sich hier, möchte man meinen, doch viel eher Trost und aufbauende Worte an. Doch der vermummte Herr **verzichtet auf alle Sentimentalitäten** – man fühlt sich an die berühmte Formulierung aus Brechts *Dreigroschenoper* erinnert: „Erst kommt das Fressen, dann kommt die Moral" – und bietet Melchior stattdessen konkretes Weiterleben an, weg von der Kopflosigkeit seines toten Freundes. Auch von sexueller Freiheit und liberaler Erziehung ist nicht mehr die Rede. Vielmehr macht der Fremde Melchior den Vorschlag, ihm zu vertrauen, dann werde er „fürs Erste" für sein Fortkommen sorgen (S. 79, Z. 1 ff.), dafür sorgen, dass er wieder Boden unter die Füße bekommt. Später, so kann man ergänzen, wird der Junge schon fähig sein, sich aus eigener Kraft durchzubringen.

Das ist die nüchterne, sachliche **Sprache der Vernunft**, doch Melchior lässt sich nicht so schnell überzeugen; er will unbedingt, mehrfach insistierend, wissen, wer der Vermummte ist. Nicht anders ergeht es dem Leser oder Zuschauer des Stücks, auch er wird Überlegungen darüber anstellen, wer dieser Herr ist und warum er vermummt auftritt. Er trägt keinen Namen, verbirgt sein Gesicht und seine Herkunft. Insofern ist es für Melchior schon einmal ein Wagnis, sich auf ihn einzulassen. Da er aber nichts mehr zu verlieren hat, jedenfalls glaubt, am Ende zu sein, kann er dieses Wagnis eingehen, zumal der tote Moritz zugeben muss, „bramarbasiert" (S. 80, Z. 4), das heißt die Unwahrheit über das Dasein im Jenseits gesagt zu haben.

Weshalb ist es aber für Melchior so wichtig, die **Identität des vermummten Herrn** zu kennen? Man könnte darauf antworten, dies sei die natürliche Reaktion eines intelligenten jungen Menschen, der einfach wissen möchte, mit wem er es zu tun hat, wenn es, wie hier, um existenzentscheidende Fragen geht. Seine Wissbegier wird jedoch nicht befriedigt, da dies den Bedeutungsspielraum der Erscheinung zu stark einengen würde. Gerade weil der Herr anonym, vermummt ist, kann er etwas versprechen und verkörpern, was mehr als nur Fürsorge für einen gefährdeten Jugendlichen ist. Er verspricht Melchior, ihm die Welt zu erschließen, seinen „Horizont in der fabelhaftesten Weise zu erweitern“ und ihn „mit allem bekannt [zu machen], was die Welt Interessantes bietet.“ (S. 79, Z. 9 ff. und 20 ff.) Dies gleicht in etwa dem Angebot, welches Mephistopheles dem zweifelnden Faust unterbreitet,[17] und stellt eine **Perspektive für ein neues Leben** in einer Welt mit einer Fülle von Möglichkeiten dar. Der vermummte Herr verspricht und verkörpert dieses neue Leben. Dessen Konturen sind noch unscharf, doch lassen sie durchaus erkennen, dass die bisherige Enge von Melchiors Leben aufgebrochen zu werden verspricht zugunsten einer größeren Weltoffenheit, einer Entfaltung unterschiedlicher Möglichkeiten und eines kommunikativen Daseins: „Ich führe dich unter Menschen.“ (S. 79, Z. 19 f.). Das ist die Vision von einem Leben, in dem weder die idealistischen Träumereien der pubertierenden Jugendlichen realisiert werden noch die starren Erziehungsvorstellungen der Eltern ein etwas moderneres Gewand erhalten, sondern welches einen neuen, vergleichsweise vernünftigen Weg in die Zukunft skizziert. Dieser Weg ist *noch* nicht real, sondern eine **Utopie**, deren Realisierung man sich aber vorstellen und wünschen kann.

Ein Vertreter der Erwachsenenwelt, die das Leben der Jugendlichen um Melchior bis dahin bestimmt hat, hätte solche Zusicherungen wie der vermummte Herr überhaupt nicht machen können; hierfür würden die Erziehungsmaximen und der kulturelle Blickwinkel dieser Erwachsenen überhaupt nicht ausreichen. Um den Kontrast zwischen bisheriger und neuer Sicht deutlich zu machen, muss der Herr auch rein äußerlich anders auftreten als etwa Rektor Sonnenstich oder Herr Gabor. Die **Vermummung** ist kein „Mummenschanz“ (Maskerade), sondern der **metaphorische Hinweis auf einen Neuanfang** unter völlig anderen Bedingungen als den bis dahin geltenden.

Vorweggenommen wird die Vision des vermummten Herrn durch das Märchen von der „Königin ohne Kopf“ (S. 29, Z. 28 ff.). Die Kopflosigkeit der Jungen (verkörpert durch die kopflose Königin) und die extreme Fixiertheit der Erwachsenenwelt auf schulische Leistung und auf eine „sittliche Weltordnung“ (verkörpert durch den König mit zwei Köpfen) werden durch eine dritte Möglichkeit aufgehoben (im Märchen die Weitergabe des überzähligen Kopfes an die kopflose Königin): Diese Möglichkeit scheint in der Person und Vision des vermummten Herrn auf.[18] In dieser Vision hat die **Moral der bürgerlichen Gesellschaft**, von der auch der vergleichsweise eigenständig denkende Melchior nicht unberührt ist, **keinen Platz mehr**. Der vermummte Herr unterstellt dieser Moral imaginäre, also unwirkliche und damit auch unverbindliche, unzuverlässige Grundlagen (S. 80, Z. 30 ff.). Es ist zu vermuten, dass Wedekind sich hier auf **Nietzsche** beruft, dessen fundamentale Kritik an der – von Nietzsche so bezeichneten – Sklavenmoral des Christentums ihm sehr vertraut war.

Mit seiner bühnenwirksamen Lösung hat Frank Wedekind es vermieden, soziale und politische Aspekte als Ursachen für die Verwerfungen in der Dramenhandlung zu thematisieren. Dafür wurde er von manchen Interpreten auch getadelt – beispielsweise von Friedhelm Roth und Friedrich Rothe. Sie vermissten die Einbeziehung des „ökonomischen Rahmens“ (Roth) beziehungsweise des „historischen Subjekts“ (Rothe). Der Grundüberzeugung des Autors, dass es vor allem wichtig ist, sich dem Leben zu stellen, für welche mutige Haltung man auch belohnt werde („real-praktischer Idealismus“, vgl. *Interpretationshilfe* S. 6), wird dieser Tadel nicht ganz gerecht.

4 Die Form des Dramas: Tragödie, Tragikomödie, Komödie?

Der Untertitel des Stücks, „Eine Kindertragödie“, scheint die Frage nach der Form des Dramas überflüssig zu machen. Andererseits lassen jedoch gelegentliche Äußerungen Wedekinds daran zweifeln, dass er wirklich eine *Tragödie* schreiben wollte; so die folgende:

> *Nimmt mich wunder, ob ich es noch erleben werde, daß man das Buch endlich für das nimmt, als was ich es vor zwanzig Jahren geschrieben habe, für ein sonniges Abbild des Lebens, in dem ich jeder* einzelnen *Szene an unbekümmertem Humor alles abzugewinnen versuchte, was irgendwie daraus zu schöpfen war.*[19]

Eine Ausnahme habe er nur bei der Szene III, 3 gemacht, dem Gespräch zwischen Herrn und Frau Gabor. – Tatsächlich sind zahlreiche Dialoge und Situationen in *Frühlings Erwachen* durch **Komik**, wenn auch nicht immer durch befreienden Humor, gekennzeichnet. Widersprüche zwischen Schein und Sein, zwischen Anspruch und Wirklichkeit, zwischen vollmundigen Behauptungen und praktiziertem Verhalten durchziehen das ganze Stück. In all diesen Fällen ergibt sich eine komische Wirkung. Dies zeigt sich vor allem an folgenden Beispielen:

- **Szene II, 2:** Frau Bergmann will ihrer 14-jährigen Tochter weismachen, der Klapperstorch habe Wendlas Schwester einen kleinen Jungen gebracht. Wendla vermag dies nicht mehr zu glauben, trotzdem schafft die Mutter es nicht, ihr zu sagen, wie die Zeugung und Geburt eines Kindes vor sich gehen. Der Widerspruch zwischen dem, was Frau Bergmann unterlässt, aber tun sollte – „Ich kann es ja nicht verantworten. – Ich verdiene ja, dass man mich ins Gefängnis setzt“ (S. 36, Z. 29 f.) –, und dem, was sie tatsächlich vorbringt, wirkt in dieser Situation komisch, wird sich aber als folgenschwer erweisen.

- **Szene II, 3:** Eine Reproduktion der Venus von Palma Vecchio, einem Renaissance-Maler (vgl. *Interpretationshilfe* S. 23), beflügelt Hänschen Rilow bei seinen Versuchen, sich auf der Toilette selbst zu befriedigen. Dabei zitiert er unentwegt Verse aus Shakespeares *Othello*. Mit dem Othello-Zitat „Die Sache will's!" (S. 40, Z. 5 und 8) lässt er das Venusbild schließlich in die Klosettschüssel fallen. Die Diskrepanz zwischen dem hoheitsvollen Pathos dichterischer Worte und dem äußerst kreatürlichen Geschehen in der kleinen Kabine wirkt überaus komisch.
- **Szene II, 7:** Als starker Kontrast zur spießbürgerlichen Welt der Bergmanns, Stiefels und Sonnenstichs stellt sich das junge Künstlermodell Ilse dar. Ihr lockerer Lebenswandel in der „Horde" der zügellos agierenden Künstler (S. 49, Z. 2 ff.) hat den Charakter eines Ausbruchs aus der bedrückenden Enge der sogenannten anständigen Bürger, und dieser Ausbruch wirkt überwiegend unbekümmert und lustig, eben so, wie Wedekind dies auch beabsichtigt hat.
- **Szene III, 1:** An dieser Szene ist alles, von Melchior abgesehen, so komisch, dass es zwangsläufig zur Farce wird. Bereits die einleitende Regieanweisung bereitet den Leser entsprechend vor: An den Wänden hängen Porträts von Pestalozzi und Rousseau, also von in ihrer Zeit sehr fortschrittlichen Pädagogen. Dass ihre Porträts ausgerechnet in *diesem* Konferenzzimmer hängen, lässt die überaus ironische Perspektive des Autors schon sehr bald erkennen. Dies gilt auch für die Namen des Rektors und der Professoren, welche unter anderem auf körperliche und geistige Defizite hinweisen, also den Gegensatz zwischen den persönlichen Anlagen der Herren und ihrem zur Schau gestellten gesellschaftlichen Rang betonen. Gleichermaßen komisch und grotesk sind auch die von dem Gremium behandelten Themen: Neben der aufgeblasenen und die Zusammenhänge verfälschenden Argumentation

des Rektors zur Schuld und Bestrafung Melchiors fällt noch die lächerlich-umständliche Diskussion um das Öffnen oder Schließen eines Fensters auf. (Der Symbolgehalt dieses Streits wirft ein zusätzliches satirisches Licht auf das Kollegium: Nachdem sie früher bereits das andere Fenster haben zumauern lassen, weigern sie sich nun erneut, im Lehrerzimmer frische Luft – das heißt: neue Erziehungsmethoden – wehen zu lassen.) Die Lehrer versuchen, sich den Anschein von Bedeutung und Scharfsinnigkeit zu geben, offenbaren aber nur Kleinlichkeit und Dummheit.

- **Szene III,4:** Diese kurze Szene erhält ihren komischen Akzent ebenfalls durch einen Gegensatz: In der Korrektionsanstalt, in der es ja eigentlich um die Herstellung von Disziplin und Moral gehen sollte, masturbieren die Zöglinge, offenbar sich selbst überlassen, um die Wette.
- **Szene III,5:** Hier hat die Komik vor allem mit dem Auftreten des Medizinalrats Dr. von Brausepulver zu tun. Seine Eitelkeit und das Vorgeben ärztlicher Kompetenz widersprechen auf groteske Weise dem, was er tatsächlich als Arzt leistet.
- **Szene III,7:** Viele Stellen in der Schlussszene zeichnen sich, sieht man von der anfänglichen Verzweiflung Melchiors ab, durch eine gewisse Heiterkeit, teilweise auch durch Ironie im sprachlichen Grundton aus. Dies fällt bei den fast abgeklärt wirkenden Äußerungen des toten Moritz über sein Dasein im Jenseits genauso auf wie bei den flapsigen Zurechtweisungen und der souveränen Gesprächssteuerung durch den vermummten Herrn. Hier wird klar, was Wedekind meinte, als er versicherte, dass er „jeder *einzelnen* Szene an unbekümmertem Humor alles abgewinnen“ wollte, „was irgendwie daraus zu schöpfen war“. Deswegen muss man die Szene insgesamt nicht als komisch ansehen, man sollte aber auch die in ihr enthaltene Komik nicht übersehen.

Die Beispiele zeigen, dass Komik, Humor und Ironie die Handlung des Stücks nicht unwesentlich mitbestimmen. Eine vorbehaltslose Zuordnung zur Gattung *Tragödie* kommt demnach nicht infrage, zumal die klassischen Elemente der Tragödie wie der tragische Konflikt oder der typische tragische Held zu fehlen scheinen. Trotzdem stellt sich die Frage, ob das Drama nicht **Elemente von Tragik** enthält, denn immerhin sterben innerhalb kurzer Zeit zwei junge Menschen und ein dritter ist kurz davor, sich das Leben zu nehmen. Auch kann man nicht einfach über den **Untertitel** „Kindertragödie“ (zu dem sich Wedekind nicht näher geäußert hat) hinwegsehen.

Für **Wendla** gilt: Sie kann sich weder in irgendeiner Weise schuldig fühlen und daher ihr Unglück als Sühne empfinden, noch wird sie vor eine selbstständige Entscheidung gestellt oder befindet sich gar in einem unauflösbaren Konflikt. Sie ist eindeutig ‚nur‘ das unglückliche Opfer der engstirnigen und ängstlichen Moralvorstellungen ihrer Mutter und keine tragische Figur.

Wendla als Opfer verklemmter Moral in der Inszenierung von „Frühlings Erwachen“ im Theater im Schuppen (Theater Frankfurt, Frankfurt a. d. Oder, 2006)

Bei **Melchior** ist die Antwort schon etwas schwieriger: Gegenüber Moritz hat er sich nichts vorzuwerfen, die Aufklärungsschrift geht auf eine Bitte seines Freundes zurück, dessen Selbstmord hat damit nichts zu tun. Sein Verhalten gegenüber Wendla in zwei entscheidenden Begegnungen (I, 5 und II, 4) ist von Gefühlsaufwallungen und spontan erwachender Sinnlichkeit geprägt. Er denkt dabei nicht viel nach, trifft keine Entscheidungen, sondern überlässt sich, ebenso wie Wendla, starken Affekten. Ein tragischer Ansatz ist hier nicht erkennbar. Am Ende jedoch, als Melchior über den Tod von Wendla in tiefe Verzweiflung gerät, weil er sich schuldig fühlt, scheint Tragik auf. Melchior ist schuldlos schuldig, wie das dem Konzept der Tragödie entspricht. So, wie Wedekind den 14-jährigen Melchior dargestellt hat, also als sehr intelligent und für sein Alter überdurchschnittlich reif, kann ihm zugetraut werden, seine Verstrickung in das Schicksal Wendlas mehr als nur emotional erfasst zu haben. Man kann durchaus von einem starken Schuldbewusstsein sprechen (S. 77, Z. 36 ff.).

Wegen seiner vermeintlichen Schuld verachtet er sich und sieht es als konsequent an, wenn er der Verlockung des toten Moritz folgt, also Selbstmord begeht. Dieser Selbstmord wäre die Sühne für die – in doppeltem Sinne *angenommene* – Schuld, wie bei einem tragischen Helden. Dass es dazu nicht kommt, ist dem Eingreifen des vermummten Herrn zu verdanken. Er verhindert ein tragisches Ende Melchiors.

Auch das Schicksal von **Moritz** lässt die Nähe von Tragik spüren. Zwar ist er ein junger Mensch, dem sozusagen das Pech an den Stiefeln klebt, einer, der stets zu den Verlierern gehört und dies auch weiß. Sein Resümee ist zutiefst depressiv:

> *Ich passe nicht hinein. [. . .] Ich ziehe die Tür hinter mir zu und trete ins Freie. – Ich gebe nicht so viel darum, mich herumdrücken zu lassen. / Ich habe mich nicht aufgedrängt. Was soll ich mich jetzt aufdrängen!* (S. 43, Z. 25 ff.)

Er ergibt sich praktisch wehrlos in sein Schicksal, und dies heißt für ihn Abschied vom Leben. Das scheint eindeutig, ein Aufbegehren und damit eine tragische Konstellation ist nicht zu erkennen. Dann aber tritt Ilse auf. Sie bietet ihm auf kaum verhohlene Weise ein Schäferstündchen an. Moritz lehnt ab, bereut dies aber unmittelbar darauf (S. 49, Z. 13 ff.).

Der Konflikt von Moritz lautet: Soll er das tun, was er ohnehin schon beschlossen hat, nämlich sich das Leben zu nehmen, oder hätte er doch dem Wink des Lebens folgen sollen? Später, als er schon tot ist, hält ihm der vermummte Herr vor: „Sie standen doch wahrlich im letzten Augenblick noch zwischen Tod und Leben." (S. 81, Z. 21 f.) Moritz hatte die Möglichkeit zur Entscheidung. Ihm wird aber nicht bewusst, dass es eine Entscheidung zwischen einem nach wie vor beschwerlichen, aber auch Hoffnung gebenden Leben und einem erlösenden, aber endgültigen Tod gewesen ist. Moritz erreicht die Dimension eines tragischen Konflikts also nicht wirklich, sein Scheitern hat dennoch tragische Züge.

Von den übrigen Figuren stellt sich nur noch bei **Frau Gabor**, der Mutter Melchiors, die Frage, ob ihr Verhalten beziehungsweise das Ergebnis ihres Verhaltens tragisch genannt werden kann. Sie steht vor der Entscheidung, ob sie dem Beschluss ihres Mannes, Melchior in eine Korrektionsanstalt zu geben, zustimmen soll. Zuerst lehnt sie dies ab, doch nach dem Bekanntwerden weiterer Details fordert sie sogar, dass der Junge in die Korrektionsanstalt gebracht wird. Der Konflikt, in dem Frau Gabor *ursprünglich* steht, hat durchaus tragische Dimensionen: Lehnt sie die Einweisung ab, folgt sie damit ihren pädagogischen Grundsätzen, gefährdet aber ihre Ehe. Stimmt sie zu, rettet sie ihre Ehe, verleugnet jedoch ihre Grundsätze und überantwortet ihren Sohn der gefürchteten Besserungseinrichtung. Als sie nun aber erfährt, dass Melchior Wendla geschwängert hat, fällt der im Ansatz tragische Konflikt gleichsam in sich zusammen, denn für Frau Gabor ist die Sachlage nun eindeutig: Melchior *muss* in die Korrektionsanstalt, eine Alternative dazu gibt es nicht mehr.

Benjamin Mährlein (Melchior), Timur Isik (Moritz), Bettina Schwarz, Gabriel Raab und Elisabeth Müller (Wendla) in der Inszenierung von „Frühlings Erwachen" am Münchner Volkstheater (2006)

Wie sich gezeigt hat, gibt es in Wedekinds Stück also Momente, in denen Tragik aufscheint. Sie werden jedoch wieder aufgelöst, so etwa durch einen plötzlichen, aber letzten Endes gar nicht so unerwarteten Rollenwechsel (Frau Gabor), durch altersbedingtes Fehlen eines Problembewusstseins (Moritz) oder durch Einflüsse von außen mit Überraschungs- und Distanzierungseffekt (Melchior). Daneben gibt es, wie ausgeführt, kaum eine Szene, in der nicht humorvolle oder groteske Akzente das Geschehen mitbestimmen. Als *Tragödie* kann *Frühlings Erwachen* unter solchen Voraussetzungen nicht bezeichnet werden.

Aber auch der Gattungsbegriff *Komödie* scheidet aus, denn eine Komödie, in der zwei junge Menschen auf traurige, unglückliche (wenn auch nicht tragische) Weise ums Leben kommen, ist nicht vorstellbar. Da sich das Tragische und das Komische gegenseitig aber sehr stark durchdringen, bietet sich die Zuordnung des Stücks zur Gattung der **Tragikomödie** an.

Dieser Begriff steht allerdings in der Theatertheorie vor allem für die Dramatik Friedrich Dürrenmatts. Er bezeichnet dort die aus Dürrenmatts Sicht einzige dramatische Form, die angesichts der Komplexität und Sinnentleerung der Welt überhaupt noch möglich ist. Speziell die letzte Szene von *Frühlings Erwachen* lässt aber erkennen, dass Wedekind nicht an einer ähnlich pessimistischen Sicht gelegen war. Die Vision des vermummten Herrn zeigt ja eine Perspektive auf, wie das Leben (in diesem Fall dasjenige Melchiors) auf sinnvolle Weise weitergehen könnte. Diese Aussicht vor dem Hintergrund einer gleichermaßen humorvollen wie bitterbösen Gesellschaftsschelte legt es nahe, *Frühlings Erwachen* als **dramatische Satire** zu bezeichnen.

Aspekte des Tragischen und Komischen in „Frühlings Erwachen"

Nähe zum Tragischen	Ausprägungen des Komischen
der vermeidbare Tod von zwei jungen Menschen	Widerspruch zwischen Anspruch und Wirklichkeit (z. B. beim Lehrerkollegium, bei Dr. von Brausepulver und Pastor Kahlbauch)
die schuldlose Schuld bei Melchior	Missverhältnis zwischen Form (Sprache) und Inhalt (z. B. Disput über das Öffnen oder Schließen des Fensters, Pathos des masturbierenden Hänschen Rilow)
Versäumnis einer lebensentscheidenden Chance (Moritz)	Missverhältnis zwischen Absicht und Wirkung (z. B. bei Frau Bergmann)
Fehlentscheidungen trotz guten Willens (Frau Gabor, Frau Bergmann)	Pointierung durch Sprachwitz (der vermummte Herr, zum Teil auch Moritz und Melchior) Karikierungen (Lehrerkollegium, Rentier Stiefel, Pastor Kahlbauch)

5 Die sprachliche Bandbreite des Stücks

Ebenso bunt wie das Spektrum der Figuren, welche die Bühne in *Frühlings Erwachen* bevölkern, ist die sprachliche Vielfalt in dem Stück. Jede der darin vorkommenden **Ausprägungen von Sprache** hat ihre besondere **Funktion** im Hinblick auf die Charakterisierung von Figuren beziehungsweise Figurengruppen, die Verstärkung von Aussagen oder auch die Kontrastierung von Einstellungen und Verhaltensweisen.

Sprache als Ausdruck unverbildeter jugendlicher Natürlichkeit

Besonders die Mädchen, darunter auch die eigentlich etwas aus der Art geschlagene Ilse, unterhalten sich untereinander und mit anderen Personen oft so, ‚wie ihnen der Schnabel gewachsen ist', also auf eine sehr **natürliche** und **unaffektierte** Art und Weise. Das zeigt sich etwa in umgangssprachlichen Ausdrücken und Formulierungen – beispielsweise „Hätt", „Nachtschlumpe", „Heben wir's auf", „würd", „Wär's etwa besser, wenn ich zu heiß hätte [...]?" (S. 7 und 8); „Da kommt Papa. Ritsch – das Hemd herunter. Ich zur Türe hinaus." (S. 17) – und in **direkten, drastischen Wendungen:** „Papa schlägt mich krumm, und Mama sperrt mich drei Nächte ins Kohlenloch" (S. 16); „Moritz Stiefel? – Ist das eine Schlafmütze!" (S. 19); „Fehrendorf, sag ich dir, ist eine verhauene Nudel.", S. 46; „Dann nahm er das Dings in den Mund wie ein Pustrohr."(S. 48)

Die Jungen drücken sich seltener auf eine so **unmittelbare** Weise aus, doch auch bei ihnen ist diese Sprache zu beobachten: „... hol mich der Teufel, wäre Papa nicht, heut noch schnürt ich mein Bündel [...]" (S. 9); „Der treibt's so lange, bis er noch mal ganz gehörig reinfliegt" (S. 19); „Wenn's gut geht, bekommt er einen Sonntagnachmittag" (S. 20); „Glaubst du vielleicht an den Schnack?" (S. 22); „Eine Maulschelle drauf!" (S. 22); „Du Schweinetier?" (S. 66)

Situationen, in denen sich die Jugendlichen auf diese Weise unterhalten, spiegeln das wider, was Wedekind selbst als „sonniges Abbild des Lebens“ bezeichnet hat. Es sind Wendungen und Ausdrücke, die er selbst aus seiner Jugend gekannt hat. Dass *Frühlings Erwachen* keine ‚bitterböse, steinernste Tragödie‘, sondern vor allem ein „sonniges Abbild des Lebens“[20] voll „unbekümmertem Humor“ sein sollte, war ein dringendes Anliegen des Autors. Bei den Erwachsenen konnte er diesen „unbekümmerten Humor“ nicht finden, bei ihnen war eher unfreiwillige Komik zu entdecken. Man kann die **natürliche, unverbildete Sprache** von Jugendlichen auch als starken Kontrast zur hölzernen, oft inhaltsarmen Sprechweise vieler Erwachsener in dem Stück ansehen.

Gefühlsstarke Sprache als Gegenpol zu Kälte und Inhumanität

Dass die Jugendlichen, zumal wenn sie allein oder unter sich sind, ihr eigenes Handeln und ihr Umfeld weit eher emotional als rational betrachten und bewerten, wird auch an ihrer Sprache deutlich. So erleben sie **Sexualität** als wilden Überfall befremdlicher Anwandlungen (Wendla und Melchior in I,5), als ein neues, bisher nie erfahrenes Glück (Melchior in II,4), als eine kaum zu beschreibende Seligkeit (Wendla in II,6), als Ausdruck einer naiven Freude am Leben (Ilse in II,7) und

Nicholas Reinke und Gabriel Raab als Lämmermeier und Ernst Röbel im Volkstheater München (2006)

als Bestätigung für einen wunderbaren Augenblick (Hänschen Rilow und Ernst Röbel in III, 6), niemals aber so, wie sie – pejorativ – in der Sprache der öffentlichen Wohlanständigkeit akzentuiert wird, etwa als Vergewaltigung, Sadismus, Onanie oder Homosexualität. Die Sprache der Jugendlichen ist in den angeführten Situationen sehr **expressiv:** Kurze oder immer wieder unterbrochene Sätze, ausdrucksstarke Vergleiche – „Der Himmel draußen muss schwarz wie ein Bahrtuch sein." (S. 40, Z. 25 f.) –, Emphasen, rhetorische Fragen, bildhafte Wendungen – „Die Tugend kleidet nicht schlecht, aber es gehören imposante Figuren hinein. [...] Uns schlottert sie noch um die Glieder." (S. 73, Z. 15ff.) – machen klar, wie **intensiv** die Momente erlebt werden.

Dies gilt auch für Situationen, die man als **Grenzsituationen** bezeichnen kann, so etwa, als Moritz unmittelbar davor ist, sich das Leben zu nehmen (II, 7), und als Melchior sich aus Verzweiflung über den Tod Wendlas ebenfalls Todesgedanken hingibt (III, 7). Auch in diesen Situationen ist die Sprache der Jugendlichen sehr expressiv. Zu den oben genannten stilistischen Besonderheiten kommen in diesen Momenten noch auffällig viele durch Anaphern zusammengehaltene Satzgruppen – „Ich will [...]", „Ich hätte [...]", „Ich brauchte [...]" und so fort (S. 45, Z. 5 ff.), – auf den Sprecher selbst bezogene Ausrufe- und Befehlssätze, nicht selten durch Ellipsen in ihrer Emotionalität gesteigert (S. 74). Auffällig ist auch die **Einbeziehung von Naturstimmungen**. Vergleiche (S. 44, Z. 19 ff.; S. 50, Z. 15 f.) und stark an expressionistische Gedichte erinnernde Personifikationen (S. 74, Z. 25 ff.) machen deutlich, dass die aufgewühlte Verfassung der jungen Leute auf die Natur projiziert wird beziehungsweise verstärkende Impulse durch Natureindrücke erhält.

Sprechweisen wie die im vorhergehenden und in diesem Abschnitt erläuterten spiegeln die durch verfehlte Erziehungsmaßnahmen doch nicht ganz verloren gegangene Natürlichkeit,

Bedenkenlosigkeit und teilweise auch Hemmungslosigkeit der Jugendlichen wider. Der Kontrast zur trockenen, mit Versatzstücken einer missverstandenen höheren Bildung überwucherten Diktion der meisten Erwachsenen in dem Stück ist offenkundig und von Wedekind sicher beabsichtigt.

Sprache als Zuflucht und Vorspiegelung

Dass die Jugendlichen, in diesem Fall Melchior und Moritz, sich nicht immer nur natürlich oder emotional äußern, sondern zuweilen auch sehr gewählt, teilweise sogar ‚geschraubt', zeigen einige Dialoge zwischen den beiden, so zum Beispiel in den Szenen I, 2 und II, 1. Hier geht es um „Vorbedeutungen" (S. 9, Z. 31) und um Fragen der Sexualität, und so überrascht es nicht, dass die beiden Jungen nicht unverblümt zur Sache kommen, sondern sich in **eher indirekte, abstrakte Reden** flüchten. Diese Reden klingen für 14-Jährige erstaunlich gewählt und gebildet:

> *Ich glaube, das ist eine Charybdis, in die jeder stürzt, der sich aus der Skylla religiösen Irrwahns emporgerungen.* (S. 9, Z. 34 ff.) *[...] Unrecht leiden zu müssen ist süßer, denn Unrecht tun! Unverschuldet ein so süßes Unrecht über sich ergehen lassen zu müssen, scheint mir der Inbegriff aller irdischen Seligkeit.* (S. 32, Z. 31 ff.)

Solche Formulierungen lassen einerseits erkennen, dass Melchior und Moritz sich genieren, gewisse Vorgänge direkt zu benennen, machen andererseits aber auch klar, dass die schulische **Bildung** hier Wirkung zeigt: Hochtrabende – der Erwachsenenwelt entliehene – Formulierungen werden in diesen Momenten zu Demonstrationen vermeintlich tiefschürfender Gedanklichkeit. Wenn dann gewisse Begriffe nicht ganz korrekt verwendet werden (beispielsweise „Phantom" statt „Phänomen" auf S. 13, Z. 7) und wenn ferner keineswegs immer tiefgründige Überlegungen zu Homer oder Goethes *Faust* in die Unterhaltung einfließen (vgl. etwa S. 32), dann erkennt man, dass Wedekind hier mit leichter Ironie auf die Tatsache hinweist, dass das von der Schule vermittelte umfangreiche Bildungsgut von pubertierenden Jugendlichen noch nicht angemessen verarbeitet werden kann. Diese milde Ironie wird in der Szene mit Hänschen Rilow (II, 3) zu einer deftigen Karikatur gesteigert: Zitate aus *Othello* von Shakespeare und Anspielungen auf weiteres Bildungsgut flankieren die Selbstbefriedigungsbemühungen des Jungen auf der Toilette.

Sprache als Zeichen ehrlicher Zuwendung

Von allen Erwachsenen, nimmt man einmal den vermummten Herrn aus, vermittelt eigentlich nur **Frau Gabor** den Eindruck, es ehrlich mit den Jugendlichen zu meinen. Dies äußert sich deutlich in ihrer Sprache: Es ist eine sowohl **differenzierende**, die nötigen Zusammenhänge herstellende als auch persönliche, teilweise **auch sehr gefühlsbetonte Sprache**. In ihrem Brief an Moritz Stiefel (II, 5), in dem sie den Jungen von der Sinnlosigkeit seines Vorhabens überzeugen will, dominieren hypotaktische Satzkonstruktionen sowie Begriffe und Wendungen, die einerseits auf die innere Verfassung von Moritz Bezug nehmen – „Unbedachtsamkeit [...] Unrecht [...] Weigerung [...] Fassungslosigkeit [...] Kräfte erschöpft [...] Beurteilung Ihres Geschickes" (alle S. 41) –, ihn andererseits aufmuntern, ihm Zuversicht geben wollen: „gefasstere Gemütsstimmung [...] vollste Sympathie [...] Kopf hoch [...] unverändert zugetan" (S. 42 f.).

Nicht zu übersehen sind andererseits einige Superlative – „heiligste Versicherung [...] denkbar größte Sünde [...] gröbste Verletzung meiner Pflicht [...] im höchsten Grade nachteilig [...] vollste Sympathie" (S. 41 f.) –, die, gerade weil sie etwas forciert wirken, eine gewisse Unsicherheit von Frau Gabor im Hinblick auf den richtigen Umgang mit Moritz erkennen lassen. Auch kommt hier ein gewisser intellektueller Anspruch zum Tragen.

Bei der Auseinandersetzung mit ihrem Mann (III,3) ist die Sprache von Melchiors Mutter, entsprechend dem schwierigen Thema, überaus emotional. Dies zeigt sich vor allem

- an verstärkter Bildlichkeit, etwa: „Und nun mein Kind das Unglück gehabt, den Zöpfen im richtigen Moment in den Schuss zu laufen“ (S. 61, Z. 5 ff.); „[...] wie die Pflanze verkommt, der du Luft und Sonne entziehst.“ (S. 61, Z. 26 f.);
- an der Tendenz zur Hyperbolik, zum Beispiel: „Ich lasse mein Kind nicht vor meinen Augen hinmorden.“ (S. 63, Z. 14 f.);
- an zahlreichen Emphasen, so in: „Hilf mir Gott, [...]“(S. 63, Z. 3); „Es ist unfassbar!“ (S. 63, Z. 16);
- an expressiven Wiederholungen, beispielsweise: „Man muss ein Mann sein, [...]“ (S. 63, Z. 4 f.); „Halte dich an mich!“ (S. 64, Z. 7 ff.); sowie
- an einer gegenüber dem Brief deutlich unruhigeren Syntax.

Die sehr aufrichtig und menschlich wirkende Sprechweise von Frau Gabor wird an denjenigen Stellen etwas durchbrochen, an denen eine deutliche **Ichbezogenheit** und/oder ein massives **Pathos** die Oberhand gewinnen, so in Szene II,5 (S. 42, Z. 6 ff.) und in Szene III,3 (S. 61, Z. 27 ff., und S. 63, Z. 8 ff.). Frau Gabor spürt in diesen Augenblicken instinktiv, dass das, was sie in ihrem Sohn sehen will, nämlich einen in jeder Hinsicht unschuldigen Jungen (S. 63, Z. 18 f.), nicht mehr der Realität entspricht. Sie kompensiert dieses Gefühl durch eine überhitzte Sprache.

Sprache als Arsenal für süßliche Phrasen

Die Szenen, in denen Frau Bergmann ihrer Tochter Wendla mit aller Macht die banalsten Informationen über die Zeugung und Geburt von Kindern vorenthalten will (II,2 und III,5), zählen zu den komischsten des ganzen Stücks. Insbesondere die von Frau Bergmann aufgetischte Mär vom Klapperstorch dürfte auf jeder Bühne für Heiterkeit sorgen.

Frau Bergmann liebt, sie vergöttert ihre Tochter geradezu, ihre Sprache vermittelt große Herzlichkeit und Fürsorglichkeit. Sie spricht die Vierzehnjährige immer wieder mit „Kind“ an, nennt sie aber auch „[m]ein einziges Herzblatt“ (S. 7, Z. 32), „liebes Herz“ (S. 34, Z. 30, und S. 36, Z. 11) und „süßes Engelsgeschöpf“ (S. 34, Z. 33 f.). Erst als sie durch Wendlas berechtigte Neugier in Verlegenheit und damit in die Defensive gerät, geht sie dazu über, sie distanzierter mit ihrem Vornamen anzureden (S. 36, Z. 15, 22, 26 und 36, sowie S. 37, Z. 7 und 19; eine Ausnahme bildet S. 34, Z. 1, vgl. auch die Anredeformen in Szene III, 5). Es geht ihr darum, ihrer Tochter und vor allem sich selbst die **Illusion von Unschuld und Reinheit** zu bewahren, nicht zuletzt deshalb, um Wendla nicht der ‚Gefahr‘ einer größeren Unabhängigkeit auszusetzen. Zu diesem Zweck ergeht sich Frau Bergmann ständig in Allgemeinplätzen und Phrasen, wie in folgenden Beispielen:

> *Wer weiß, wie du sein wirst, wenn sich die andern entwickelt haben.* (S. 7, Z. 25 f.); *So geht's eben, wenn man so dicht beim Kirchendach wohnt!* (S. 34, Z. 10 f.); *Man muss ihn lieben [den Mann], Wendla, wie du in diesen Jahren noch gar nicht lieben kannst … Jetzt weißt du's.* (S. 37, Z. 6 ff.).

In der Szene III, 5 werden die gleichermaßen ängstlichen wie ausweichenden Tiraden der Mutter Wendlas durch die Selbstbeweihräucherung des Medizinalrats **Dr. von Brausepulver** fast noch in den Schatten gestellt. Seine Ausführungen, gehalten im ‚Doktor-Stil‘ – „Von ermüdenden Spaziergängen und Extramahlzeiten dispensiere ich Sie.“ (S. 68, Z. 11 f.) „In wenigen Wochen ist unsere liebe kleine Patientin wieder frisch und munter wie eine Gazelle.“ (S. 68, Z. 26 f.) –, verbergen nur mühsam seine Inkompetenz, welche sich in dieser Situation sogar als todbringend erweisen wird. Die selbstgefällige Ignoranz des Arztes kontrastiert dabei scharf mit der Wissbegier der Jugendlichen.

Sprache als Spiegel einer unnötig harten Erziehungsauffassung

„Wer zu schwach für den Marsch ist, bleibt am Wege." (S. 62, Z. 5) Dies ist einer der Sätze, mit denen **Herr Gabor** seine Ausführungen zur richtigen Erziehung von Melchior programmatisch unterstreicht. Mit seiner Auffassung, dass der Stärkere sich schon durchsetze und der Schwächere eben auf der Strecke bleibe, vertritt er eine Position, die sich an die Theorie von Charles Darwin anlehnt („Survival of the fittest"). Die Härte dieser Position zeigt sich jedoch nicht nur im Inhalt der Aussagen, sondern auch in der Sprache (vgl. Szene III, 3): Sie bringt die Dinge ‚auf den Punkt', ist durch eine strenge Logik gekennzeichnet und wirkt phasenweise fast wie eine Waffe, mit welcher der Sprecher Schläge gegen sein Gegenüber führt, um sich als der Stärkere zu beweisen. Dies zeigt zum Beispiel die Passage, in der er die von Melchior für Moritz verfasste Aufklärungsschrift beurteilt (S. 62, Z. 20–28). Diese Sprache ist wohlüberlegt durchkonstruiert und sehr stringent im Gebrauch der Begriffe. Ihr haftet etwas Mitleidloses, Unnachgiebiges an, wie dies etwa für harte Plädoyers von Staatsanwälten typisch ist.

Es mag sein, dass Wedekinds Impuls, eine solche Sprache in seinem Stück bloßzustellen, auf das ungeliebte Jurastudium zurückzuführen ist, das er nach dem Willen seines Vaters absolvieren sollte. Das gefühllose Juristendeutsch erscheint hier wie dort als die Sprache väterlichen Zwanges.

Der grundsätzliche **Eindruck von Härte, Konsequenz und Kälte**, der von der Sprechweise Herrn Gabors ausgeht, wird auch nicht dadurch abgeschwächt, dass seine Ausführungen an einigen Stellen sehr pathetisch werden, beispielsweise wenn er sagt: „Ich hatte von jeher der Überzeugung gelebt, ein Kind sei kein Spielzeug; ein Kind habe Anspruch auf unsern heiligsten Ernst." (S. 61, Z. 12 ff.) Dieses Pathos ist ein Beleg für die Selbstgerechtigkeit und damit auch für die fehlende Fähigkeit des Vaters, sich in die Mentalität der jungen Leute hineinzudenken.

Sprache als Karikatur einer Institution

Bereits die Namen der Gymnasiallehrer und ihres Rektors lassen keinen Zweifel daran, dass Wedekind, insbesondere in den Szenen III, 1 und III, 2, eine satirische Abrechnung mit der Institution **Schule** beabsichtigt hat. Der sprachliche Umgangston der Herren ist charakteristisch für ihre Engstirnigkeit, ihre moralische Verlogenheit und ihren gefühllosen Leistungsfetischismus. Dies zeigt sich unter anderem an folgenden Merkmalen:

Rektor Sonnenstich kommandiert in einem rüden ‚**Offizierston**' den Pedell Habebald herum: „Habebald! / HABEBALD. Befehlen, Herr Rektor! / SONNENSTICH. Führen Sie ihn herauf!" (S. 53, Z. 21 ff.)

„Frühlings Erwachen" als Musiktheater. Szene (vgl. III, 1) aus der gleichnamigen Oper von Max Ettinger (Neues Theater Leipzig, 1928)

Dieser die Geringschätzung einfacher Leute widerspiegelnde Umgangston hat eine Parallele in dem **Verhör**, zu dem die Befragung des ‚schuldbeladenen' Melchior umfunktioniert wird: „MELCHIOR. Ich habe … / SONNENSTICH. Sie haben die genau präzisierten Fragen, die ich Ihnen der Reihe nach vorlege, eine um die andere, mit einem schlichten und bescheidenen ‚Ja' oder ‚Nein' zu beantworten!" (S. 55, Z. 13 ff.)

Seine Ausführungen zur Strafwürdigkeit von Melchiors Verhalten trägt der Rektor in äußerst geschraubten Formulierungen vor; der Satzbau erinnert hier an die lateinische Syntax (S. 51, Z. 10 ff.), einzelne Wendungen dokumentieren darüber hinaus einen ausgeprägten Untertanengeist, zum Beispiel „einem hohen Kultusministerium" (S. 51, Z. 12, und S. 53, Z. 2 ff.). Besonders grotesk wirkt es, wenn der geschraubte Stil auch bei äußerst banalen Anlässen verwendet wird, etwa bei der Frage, ob ein Fenster geöffnet werden soll oder nicht (S. 52, Z. 20 ff.).

Wenn es um sogenannte sittliche Werte geht, bemüht der Sprecher des Kollegiums, Rektor Sonnenstich, hohle Phrasen. Seine Worte am Grab des toten Moritz lassen erkennen, wie er einen hehren Begriff wie die „sittliche Weltordnung" für einen ebenso unsinnigen wie bösartigen ‚Beweis' missbraucht:

> *Der Selbstmord als der denkbar bedenklichste Verstoß gegen die sittliche Weltordnung ist der denkbar bedenklichste Beweis für die sittliche Weltordnung, indem der Selbstmörder der sittlichen Weltordnung den Urteilsspruch zu sprechen erspart und ihr Bestehen bestätigt.* (S. 57, Z. 19 ff.)

Unterstützung in seinen menschenverachtenden Bemühungen um eine moralische Verurteilung des Verstorbenen erfährt der Rektor durch die religiösen Phrasen Pastor Kahlbauchs (S. 56 f.).

Ein grotesker Höhepunkt des Auftritts der Lehrer am Grab von Moritz sind die ‚Gedenkworte' von Professor Knochenbruch: „Verbummelt – versumpft – verhurt – verlumpt – und verludert!" (S. 57, Z. 26 f.). Stellen wie diese zeigen, dass es Wedekind hier (und anderswo) nicht nur um deftige Komik ging, sondern auch darum, mit den Mittel der Satire ein System zur Diskussion zu stellen, in dem solchen Menschen die Erziehung der Jugend anvertraut ist.

Sprache als Ausdruck von Vernunft und Distanz

Am Schluss des Stücks tritt mit dem vermummten Herrn eine Figur auf, die Melchior ein Leben anbietet, wie es unter den Bedingungen der spießigen Kleinstadt nicht möglich ist, ein Leben, welches geistige und körperliche Bedürfnisse in gleicher Weise befriedigt, welches den Horizont erweitert und unter die Menschen führt, also ein ‚handfestes' und dennoch spannendes Leben (III, 7). Ebenso vernünftig wie sein Angebot ist auch die Sprache des vermummten Herrn. Nicht ohne **Ironie** bringt er die Dinge auf den Punkt und verweist das Gespenst in seine Schranken (S. 78, Z. 17 ff. und 27 ff.). Zur Pointierung seiner Äußerungen dienen ihm Parallelismen (S. 79, Z. 19 ff.), Hyperbolik (S. 79, Z. 34 ff.) und Antithesen (S. 81, Z. 34 ff.). In der Sprache des vermummten Herrn und in seinen Versprechungen erkennt man sehr deutlich die **Position des Autors**. Die selbstironischen Anleihen bei Goethes *Faust* verhindern dabei, dass das Stück schließlich noch als didaktisches Drama missverstanden wird.

Bandbreite der Sprache in „Frühlings Erwachen"

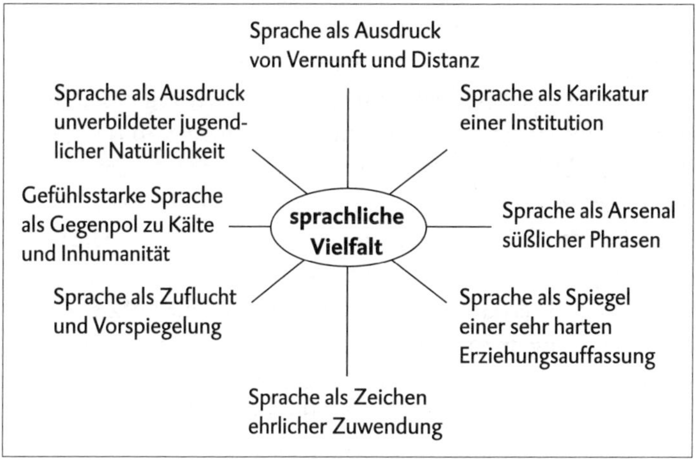

6 Interpretation von Schlüsselstellen

Ein scheinbar unerwarteter Ausbruch – Szene I, 5

Erstmals im Verlauf der Handlung begegnen sich Wendla und Melchior. Der Leser beziehungsweise Zuschauer hat die beiden jungen Leute bereits kennengelernt: die in Fragen der Sexualität überhaupt noch nicht aufgeklärte, aber doch schon – ihrem Alter entsprechend – auf eine undeutliche, aber doch drängende Weise daran interessierte **Wendla** (vgl. I, 1 und I, 3) und den weit besser informierten, souverän wirkenden, aber doch auch von einer gewissen Unruhe getriebenen **Melchior** (sonst hätte er sich nicht auf vielfältige Weise über „die Fortpflanzung" informiert, vgl. S. 14, Z. 30 f. und 6 ff.).

Ihre Begegnung findet im Wald statt und ist zu Beginn durch eine leichte Verlegenheit auf beiden Seiten gekennzeichnet. Der belesene Melchior versucht sie dadurch zu überspielen, dass er Wendla mit einer Dryade, einer Baumnymphe aus der griechischen Mythologie, vergleicht (S. 23, Z. 1) und sich dem Mädchen als der Grübelnde, Nachdenkliche präsentiert: „Ich gehe meinen Gedanken nach." (S. 23, Z. 5) Wendla berichtet Melchior vom Waldmeister, den sie für ihre Mutter gesucht hat, wobei sie sich offenbar verirrt habe. Nun will sie wissen, wie spät es sei. Nach dieser eher kindlich wirkenden Schilderung erwähnt sie noch einen Traum, den sie „am Goldbach im Moose" (S. 23, Z. 19) gehabt hat. Sie sagt noch nichts über den Traum, ebenso wenig, wie Melchior seine Gedanken preisgegeben hat. Dies ist genauso typisch für Jugendliche ihres Alters wie der Umstand, dass sie sich aus der Realität zurückziehen.

Melchior ist es, der die etwas ängstliche Wendla dazu bewegt, noch ein wenig unter einer Eiche zu lagern, über das rechtzeitige Zurücksein solle sie sich keine Sorgen machen (S. 23, Z. 22 ff.). Er will sie etwas fragen, was ihn schon lange bewegt hat, nämlich aus welchen Gründen Wendla sich um arme Leute kümmert. Das Interesse Melchiors ist sicher nicht geheuchelt, das beweist die nachfolgende Diskussion, noch wichtiger als das Thema Nächstenliebe ist ihm aber sicher die Möglichkeit, noch länger mit Wendla zusammen sein zu können.

Der Ort des Zusammenseins ist der Wald, ist die **Natur**. Es sind fast immer Plätze in der Natur oder nahe der Natur, an denen in Wedekinds Stück erotische Begegnungen zwischen jungen Menschen stattfinden, zum Beispiel als Ilse Moritz am Fluss über den Weg läuft (II, 7), als Hänschen Rilow und Ernst Röbel im Weinberg zueinander finden (III, 6), und vor allem, als Wendla und Melchior sich auf dem Heuboden lieben (II, 4).[21] Natur kann als Symbol der Freiheit gesehen werden. Hier scheinen die engen Vorbehalte der Erwachsenen keine Bedeutung mehr zu haben und Gefühle sowie triebhafte Wünsche sich freier entfalten zu können als in Wohnzimmern und Schulräumen.

In der vorliegenden Szene spürt man **bereits relativ früh**, nämlich als Melchior Wendla zum Verweilen unter der Eiche bewegt, **eine gewisse Spannung**. Seine Äußerungen verraten mehr, als sie direkt aussagen: „Der Boden ist noch warm von der Morgensonne." (S. 23, Z. 26 f.) „Wenn man so daliegt, die Stirn in die Hand gestützt, kommen einem die sonderbarsten Gedanken …" (Z. 32 ff.). Es bleibt offen, ob mit diesen „sonderbarsten Gedanken" vielleicht auch das gemeint ist, was Melchior Wendla „[s]chon seit Wochen" (Z. 27) fragen wollte. Auf jeden Fall bringt Wendla ihn wieder darauf zurück – „Was wolltest du mich fragen, Melchior?" (Z. 36) – und versucht, dem Gespräch damit eine weniger ‚gefährliche' Wendung zu geben. Die sich anbahnende Stimmung hat sie etwas unsicher gemacht; dies wird auch durch ihre Mahnung angedeutet, dass sie „vor fünf […] zu Hause sein" müsse (Z. 29).

In dem nun folgenden Gespräch (S. 24) geht es um ein Thema, zu dem Wedekind Melchior einige Thesen vertreten lässt, die ihn während seiner Jugendzeit selbst beschäftigt haben: Melchior bestreitet, dass irgendjemand nur aus „Aufopferung“ oder „Selbstlosigkeit“ gute Taten vollbringe (S. 25, Z. 10 f.), obwohl gerade dies aus der Schilderung Wendlas über ihre Besuche bei armen Leuten hervorzugehen scheint. Er, Melchior, ist der Meinung, dass jeder so handelt, wie es seiner Veranlagung entspricht, und für diese Veranlagung könne er nichts: „Kann der Geizige dafür, dass es ihm keine Freude macht, zu schmutzigen kranken Kindern zu gehen?“ (S. 24, Z. 31 ff.) Melchior redet also letzten Endes einem ausgeprägten **Egoismus** das Wort. Folgende Äußerungen von Frank Wedekind aus während seiner Aargauer Schulzeit entstandenen Briefen und anderen Schriften bestätigen, wie sehr der Autor davon überzeugt war, der Egoismus bestimme alle wesentlichen Handlungen des Menschen:

> *[...] führte[] mich [...] auf die Überzeugung, daß der Mensch nichts thue ohne angemessene Belohnung, daß er keine andere Liebe kennt, als Egoismus.*
> *[...] Demnach kenne ich auch keine Menschen, die man schlechthin als Sünder bezeichnen könnte; denn alle guten Eigenschaften zeugen nur von einem kultivierten und infolgedessen edleren und klügeren Egoismus. [...] oder gibt es einen befriedigenderen, göttlicheren Genuß, als den, seinen Nächsten alles Gute zu tun?*[22]

Diese Haltung entspricht der provozierenden Äußerung Dantons in Georg Büchners Revolutionsdrama *Danton's Tod* (1835), als Danton im großen Streitgespräch mit Robespierre auf den Vorwurf, er leugne die Tugend, antwortet: „Und das Laster. Es gibt nur Epicuräer, und zwar grobe und feine; Christus war der feinste. Das ist der einzige Unterschied, den ich zwischen den Menschen herausbringen kann.“ (Szene II, 1: Ein Zimmer.)

Wenn Melchior von Wendla also die Versicherung bekommen möchte, dass sie Freude empfinde, wenn sie zu den Armen gehe, dann will er ihr eigentlich nachweisen, dass sie egoistisch handelt, denn Freude am eigenen guten Handeln wäre ja nichts anderes als ein „kultivierter Egoismus“. Hinter Anschauungen dieser Art steht unter anderem auch die Verachtung Wedekinds für die religiös begründete Verurteilung von ‚Sündern‘, wie sie zum Beispiel in der Rede von Pastor Kahlbauch bei der Beerdigung des unglücklichen Moritz zum Ausdruck kommt (S. 56 f.). Melchior empört sich gegen das vermeintliche Pharisäertum der sogenannten guten Menschen wie auch gegen das schlechte Gewissen der egoistisch Handelnden (S. 25, Z. 11 ff.). Er verrät aber letztlich auch, dass diese Empörung sehr persönlich motiviert ist und mit der entwaffnenden Ausstrahlung von Gutartigkeit und Unschuld zu tun hat, die von Wendla ausgeht (Z. 12 ff.).

Der **abrupte Wechsel zu einem anderen Thema** (ab Z. 15) zeigt, dass auch bei Melchior selbst eine gewisse Ratlosigkeit im Hinblick auf seine Theorie bleibt. Melchior kennt Wendla nur oberflächlich, er weiß eigentlich nicht, was sie für ein Mensch ist, und er hat auch gemerkt, dass er sie nicht überzeugend in sein Egoismus-Schema einordnen kann. Er will sie näher kennenlernen, und deshalb fragt er sie auch, was sie geträumt habe, als sie „am Goldbach im Grase“ (Z. 15 f.) gelegen sei, denn er spürt instinktiv, dass er über den Traum näher an den Menschen Wendla herankommen kann. Wendla erzählt ihm, dass sie im **Traum** ein „armes, armes Bettelkind“ (Z. 19) gewesen sei, das ganze Tage habe betteln müssen, und am Abend, wenn das erbettelte Geld dem Vater nicht genügt habe, von diesem „geschlagen – geschlagen –“ (Z. 25) worden sei. Aus diesem Traum, der in einigen Zügen an das Sterntaler-Märchen erinnert, greift Melchior sofort das **Motiv des Schlagens** heraus; für ihn ist es ein Relikt einer veralteten und verfehlten Erziehungsmethode, er will offenbar weiter über den Anachronismus dieser Methode diskutieren. Wendla jedoch hält seinen nüchternen Feststellungen entgegen, dass ihre Freundin Martha Bessel „Abend für Abend geschlagen“ werde (Z. 30). Die Schilderung des Vorgangs ist sehr leidenschaftlich; Wendla bedauert Martha, aber einige Formulierungen verraten, dass sie von dem Geschehen **unbewusst fasziniert** ist: „O was die leiden muss! Siedendheiß wird es einem, wenn sie erzählt [...] Ich wollte mit Freuden einmal acht Tage an ihrer Stelle sein." (Z. 31 f. und 35 f.)

Kurz darauf bedauert Wendla geradezu, in ihrem Leben nie geschlagen worden zu sein. Das habe sie bereits dazu gebracht, sich selbst zu schlagen, „um zu erfahren, wie einem dabei ums Herz wird." (S. 26, Z. 6 f.) Wenn man von der **Traumdeutung Siegmund Freuds** ausgeht (Freuds Gedanken waren Wedekind bekannt), dann sind **Träume der symbolische Ausdruck unbewusster Wünsche** und Impulse, deren offene Befriedigung verweigert worden ist. Wendla wird in ihrem Traum geschlagen. Kann dies für einen *Wunsch* stehen, obwohl sie, als Bettelkind, unter den Schlägen leidet? Folgt man auch hier Siegmund Freud, so kann Aggression gegen sich selbst die Kompensation nicht erfüllter Triebansprüche bedeuten. Das heißt, ein vorenthaltenes beziehungsweise zurückgedrängtes sexuelles Bedürfnis artikuliert sich in dem Wunsch, sich selbst wehzutun oder sich Gewalt antun zu lassen. Diese sogenannten masochistischen Handlungen führen zu sexueller Erregung, kompensieren also die natürliche Befriedigung. Die Art und Weise, wie Wendla ihren Traum erzählt und wie sie über die Zustände in der Familie Marthas berichtet, lassen bereits erkennen, dass sie geschlagen werden, Gewalt erleiden *will*. Wendla ist ein vierzehnjähriges Mädchen, bei dem sich – noch sehr unbestimmte – sexuelle Wünsche ankündigen. Da sie von ihrer Mutter im Zustand vollständiger Ahnungslosigkeit gehalten wird, können sich diese Wünsche nicht bewusst äußern. Entsprechend können sie natürlich auch nicht erfüllt werden.

Wendla weiß und merkt nicht, was mit ihr los ist, aber in ihrem Innern ‚rumort' es. Was bewusst gar nicht geschehen kann, geschieht unbewusst: Die blockierten Triebansprüche suchen einen Ausweg, die normale Erfüllung wird durch den masochistischen Genuss des Geschlagenwerdens kompensiert. Dies beginnt – noch nicht zielorientiert – im Traum, setzt sich in den Schilderungen über den Traum und über Martha Bessel sowie über ihre eigenen Erprobungen fort und endet schließlich in der geradezu inständig geäußerten Bitte an Moritz, sie heftig zu schlagen (S. 26). Dass sie, nachdem Melchior jede Kontrolle über sein Verhalten verloren hat, *„in ein fürchterliches Geschrei ausbricht"* (S. 27, Z. 3), kann nicht überraschen, denn sie hat ja in Wirklichkeit keine klaren Vorstellungen von dem gehabt, was sie sich doch gewünscht hat.

Eine **Kompensationshandlung** ist **auch im Verhalten Melchiors** zu sehen: Durch die Schilderungen Wendlas und durch die aufreizende Art ihrer Bitten um Schläge – „So schlag mich doch an die Beine! [...] Du streichelst mich ja! – Du streichelst mich!" (S. 26; Z. 34 ff.) – wird auch dieser beherrscht wirkende Junge schließlich so erregt, dass er wie wild auf Wendla einschlägt. Das ist nichts anderes als eine sadistische Ersatzhandlung für nicht erfüllte Triebansprüche.

Von besonderer Bedeutung ist die **dramaturgisch konsequent aufgebaute Szene** deshalb,

- weil in ihr auf eine authentische Weise eine erste erotische Begegnung zwischen zwei 14-Jährigen gestaltet ist, wobei von der anfänglichen Verlegenheit über vielsagende Andeutungen, Bemühungen um eine längere Dauer des Zusammenseins bis zum Entstehen einer erotischen Hochspannung und deren ungestümer, unreflektierter Entladung viele für eine derartige Begegnung typische Momente das Geschehen auf der Bühne bestimmen;
- weil in zwingender Weise dargestellt wird, dass die sexuelle Verklemmung, die den Jugendlichen anerzogen worden ist, zwangsweise zu Ausbrüchen führen muss, die nicht nur körperliche Schmerzen verursachen;

- weil der Schauplatz (Wald; unter einer Eiche) viel über das Bedürfnis der Jugendlichen nach Natürlichkeit und Offenheit verrät;
- weil mit dem Thema Egoismus ein Problem zur Sprache kommt, das den jungen Wedekind sehr beschäftigt hat.

Die äußere und innere Welt der Jugendlichen – Szene II, 1

Für **Moritz** ist die Wirklichkeit problematisch und sogar beängstigend, sobald er an die **Schule** denkt, und dies ist ständig der Fall. Weil er ein schlechter Schüler ist, befindet er sich fortwährend in Gefahr, nicht versetzt zu werden, und dies wäre beziehungsweise ist die ultimative Katastrophe. Moritz bringt das mit den Worten zum Ausdruck: „Wenn ich durchfalle, rührt meinen Vater der Schlag, und Mama kommt ins Irrenhaus." (S. 28, Z. 33 ff.) Auch das, was er selbst in diesem Fall tun würde beziehungsweise dann tatsächlich tut, deutet er indirekt an: „Röbel erschießt sich nicht." (Z. 31) Er, Moritz, heißt das, aber schon.

Moritz ist offenbar so **stark von seinen Eltern abhängig**, dass der Druck, der von ihnen ausgeht – weil der schulische Erfolg ihres Sohnes für sie selbst von großer gesellschaftlicher Bedeutung ist –, ihn zu extremen Anstrengungen treibt, wie seine Schilderung auf Seite 28 zeigt. Der vorübergehende Erfolg seiner Bemühungen veranlasst den nervlich stark Mitgenommenen, sich mit dem leidenden Christus zu vergleichen: „Vor dem Examen habe ich zu Gott gefleht, er möge mich schwindsüchtig werden lassen, auf dass der Kelch ungenossen vorübergehe." (S. 29, Z. 2 ff.) Die Schule hat für Moritz eine buchstäblich lebensentscheidende Bedeutung, und dies, obwohl er im Unterricht fast nur Inhalte vermittelt bekommt, die er im praktischen Leben kaum benötigt, beispielsweise „ein korrektes Mittelhochdeutsch" (S. 30, Z. 32). Er verbeißt sich so in sein Ziel, versetzt zu werden, dass er dabei seine Gesundheit gefährdet. Das sieht auch Frau Gabor, sonst eine Frau mit strengen Grundsätzen: „Sie sollten sich schonen. Bedenken Sie Ihre Gesundheit. Die Schule ersetzt Ihnen die Gesundheit nicht." (Z. 28 ff.) Darüber hinaus zerstört die Schule auch die Hilfsbereitschaft und Freundschaft unter den Schülern. Weil das System so angelegt ist, dass die Schwächsten auf der Strecke bleiben, muss jeder der schlechten Schüler alles daran setzen, in der Rangliste nicht auf die letzten Plätze zu geraten und damit durchzufallen (vgl. S. 9). Jedes Versagen eines Konkurrenten wird daher mit Genugtuung registriert – eine traurige Auswirkung einer verfehlten Pädagogik. Melchior kommentiert die Situation von Moritz und die dafür verantwortlichen Umstände mit der sarkastischen Feststellung: „Das Leben ist von einer ungeahnten Gemeinheit." (S. 29, Z. 12 f.)

Es gibt in dem ganzen Stück keine Situation, in welcher eine wirklich kontroverse Auseinandersetzung zwischen Jugendlichen und Erwachsenen stattfindet. Die Gespräche zwischen Wendla und ihrer Mutter verlaufen in einer sehr freundlichen Atmosphäre. Es ist aber nicht zu übersehen, dass zwischen der Wirklichkeit der **Jugendlichen** und jener der **Erwachsenen** eine große **Kluft** besteht. Das ist im Prinzip nicht ungewöhnlich, wenn man das Alter und die Entwicklungsstufe (Pubertät) der jungen Leute bedenkt. Ihre Reaktionen auf das Erscheinungsbild, die Meinungen, Äußerungen und ‚Verfügungen' der anderen Seite sind sehr unterschiedlich und reichen von mildem Spott (Wendla) über Ironie und Wut (Melchior) bis zu Ohnmacht und Verzweiflung. Das Letztere ist weitgehend bei Moritz der Fall. In der vorliegenden Szene ist er zwar aufgrund eines positiven Examensergebnisses etwas erleichtert, aber die ständigen Anforderungen der Schule (und der Eltern) haben ihn an den Rand der Erschöpfung gebracht, er kann sich nicht wirklich befreit fühlen (S. 29, Z. 15 f.). Seine Physis und vor allem seine Psyche suchen nach einem Ventil, um das Gewicht, das auf ihm lastet, etwas zu verringern, er beginnt zu **schwärmen**, sich in eine andere Wirklichkeit zu flüchten: „Ich fühle mich so eigentümlich vergeistert." (Z. 16) Dieser Fluchtraum ist eine stimmungsvolle, romantische Natur, die von „umflorte[n] Gestalten" (Z. 21) bevölkert ist, in der die Blätter flüstern und der Mond den nächtlichen Garten in einen gleichsam unendlichen Raum verwandelt.

In dieser Stimmung erinnert sich Moritz an das **Märchen von der „Königin ohne Kopf"** und entfernt sich damit scheinbar noch weiter aus der Welt des Rektors Sonnenstich und seines Vaters, des Rentiers Stiefel. Der Umstand, dass Moritz das Märchen durch seine verstorbene „Großmutter selig" (Z. 28) kennengelernt hat, ergänzt das Bild von einer Welt, in der sich Moritz verlieren möchte, einer Welt, in der das Unwahrscheinliche noch geschehen kann.

Noch ein weiteres Mal wird Moritz von seinen Sehnsüchten und von seiner Fantasie mitgerissen, nämlich als das Gespräch auf den Inhalt der ihm von Melchior überlassenen Aufklärungsschrift kommt (S. 32). Auch jetzt sieht er Bilder aus der Natur vor seinem inneren Auge, auch jetzt verliert er sich in **Träumereien** über das Gelesene, als bestünde es aus Erinnerungen an etwas, das in der Kindheit angeklungen und nun, am Ende des Lebens, in veränderter, schmerzvoller Form wieder an die Oberfläche getreten sei. Moritz bleibt auch in der Folge bei seinem schwärmerischen Tonfall, wird aber doch insofern konkreter, als er gesteht, wie sehr ihn die angeblichen Liebesempfindungen eines Mädchens bewegen würden (S. 32, Z. 28 ff.). Moritz vermag es in seiner aufgewühlten Verfassung nicht, den Sexualverkehr, so wie Melchior, nüchtern zu beurteilen. Idealisierend baut er sich in seiner Einbildung eine Welt auf, welche die harte Gegenwart – wenigstens vorübergehend – verdrängen kann: „Das Mädchen, Melchior, genießt wie die seligen Götter." (S. 33, Z. 3 f.) „Sein Empfinden ist so frisch wie der Quell, der dem Fels entspringt." (Z. 9 ff.) Träumereien sind in schwierigen Lebenssituationen oft hilfreich, so wie in dieser Szene für Moritz. Sie können aber eine pragmatische Lebensbewältigung nicht ersetzen.

Bemerkenswert ist an dieser Stelle noch die Tatsache, dass die von den Lehrern und den Eltern so massiv verurteilte Informationsschrift „Der Beischlaf" weder zur Selbsttötung von Moritz führt noch ihn zu ‚schmutzigen' Gedanken anregt. Für ihn enthält die Schrift eine **faszinierende Botschaft**: Die körperliche Liebe ist eine Möglichkeit, höchste Seligkeit zu erlangen. Wenn er es nur den Mädchen zutraut, die Erfüllung dieser Verheißung an sich zu erfahren, so zeigt sich daran eine gewisse alters- und geschlechtsspezifische Befangenheit, die Befangenheit, sich auch den Mann als zur beseligenden Hingabe fähig vorzustellen.

Symbolisch für das Fehlen der von 14-Jährigen ja eigentlich auch nicht zu erwartenden Lebenstüchtigkeit steht die **Kopflosigkeit**, und es ist schon ein sehr deutlicher Hinweis auf das Kommende, dass ausgerechnet derjenige, auf den das Attribut der Kopflosigkeit am meisten zutrifft, nämlich Moritz, die Geschichte von der „Königin ohne Kopf" erzählt (S. 29, Z. 29 ff.). Das Märchen erinnert an jenes, das die Großmutter in Georg Büchners *Woyzeck* einigen Mädchen sowie Marie erzählt (Szene „Straße"). In beiden Dramen, bei Büchner und bei Wedekind, fasst der Inhalt des Märchens parabolisch das zusammen, worauf in den beiden Stücken ein besonderes Gewicht liegt. Der Unterschied besteht darin, dass die Parallelen bei Büchner noch deutlicher sind als bei Wedekind. In *Frühlings Erwachen* findet die kopflose Königin einen Partner mit zwei Köpfen, und nach einer Intervention des Oberhofzauberers haben beide einen Kopf und können gemeinsam ein glückliches Leben führen.

Dieser Schluss entspricht nicht dem Geschehen im Stück: Der ‚kopflose' Moritz findet niemanden, der ihn von seinem verzweifelten Handeln abbringt, der ihm ‚einen Kopf aufsetzt' (siehe auch *Interpretationshilfe* S. 58). Wedekind hat in seinem

Stück keineswegs ein Bild von den Jugendlichen gezeichnet, welches ihre Spontaneität und Emotionalität (und somit ihre *Kopflosigkeit*) durchweg negativ erscheinen lässt; im Gegenteil, ihr Humor, ihre Begeisterung über erfahrenes Glück (Melchior in II,4, Wendla in II,6, Ilse in II,7), ihre Schlagfertigkeit und Fantasie wirken mitreißend und heben sich positiv von der Humorlosigkeit, dem trockenen Kalkül und der Fantasielosigkeit der meisten Erwachsenen ab.

Das Besondere an der Märchenpassage in II,1 ist der Umstand, dass Moritz sich auf eine bestimmte Weise mit der „Königin ohne Kopf" identifiziert. Er sagt:

> *Wenn ich ein schönes Mädchen sehe, seh ich es ohne Kopf – und erscheine mir dann plötzlich selber als kopflose Königin ... Möglich, dass mir nochmal einer aufgesetzt wird.* (S. 30, Z. 12 ff.)

Gerade mit dem letzten Satz gesteht sich Moritz ja ein, ‚kopflos' zu sein, das heißt in vielen Bereichen des Lebens ohnmächtig und untüchtig. Die bisherigen Lebenserfahrungen von Moritz legen diese Ansicht nahe. Die vage Hoffnung, doch noch einmal einen ‚Kopf aufgesetzt' zu bekommen, das heißt mit dem Leben besser zurechtzukommen, ist begreiflich. Das Ende des Stücks, die Szene auf dem Friedhof (III,7) macht deutlich, dass Wedekind der ‚Kopflosigkeit' ein vernünftiges Dasein gegenüberstellt, das aber keineswegs mit der kleinbürgerlichen Lebensplanung der meisten Erwachsenen in dem Stück gleichgesetzt werden darf. Melchior ist der Verzweiflung nahe und begegnet dem Geist seines toten Freundes Moritz. Dieser trägt seinen Kopf unter dem Arm und schwärmt ihm, kopflos im konkreten und übertragenen Sinn, von der Freiheit im Jenseits vor. Der vermummte Herr stellt der Vision der Kopflosigkeit eine Vision des vernünftigen Lebens gegenüber und zieht Melchior auf diese Weise wieder auf die andere Seite, zu den Menschen. Dies führt nicht zur Abschwächung der Satire gegen autoritäre Erziehung, spießige Selbstgerechtigkeit und Missbrauch von Bildungsgütern. Der kritische Akzent bleibt erhalten, erfährt aber keine ideologische, sondern eine pragmatische Lösung.

Um **geistige Reife**, das Gegenteil von ‚Kopflosigkeit', geht es in dem kurzen Disput zwischen Melchior, seiner Mutter und Moritz über die **Lektüre von Goethes „Faust I"**. Frau Gabor hält die Lektüre für verfrüht, weil ihr Sohn noch nicht fähig sei, ein Werk wie *Faust* „richtig aufzunehmen" (S. 31, Z. 34). Sie befürchtet nachteilige Wirkungen, will aber nicht „irgend beliebige erzieherische Maßregeln" treffen, um die Lektüre zu verhindern; lieber will sie ihrem Sohn vertrauen (Z. 34 ff.). Melchior gibt zu, das Werk „in seiner ganzen Erhabenheit" noch nicht erfassen zu können (Z. 22 ff.), verteidigt sich aber damit, kein Buch zu kennen, in dem er „so viel Schönes gefunden" habe (Z. 19 f.).

Dies klingt alles sehr vernünftig: Frau Gabor zeigt sich als verantwortungsbewusste und dennoch liberale Erzieherin, Melchior scheint seine Grenzen zu kennen. Im weiteren Verlauf, Frau Gabor ist gegangen, erweist sich jedoch, dass Melchior sich zumindest hinsichtlich der Rezeption der Gretchen-Tragödie ein ziemlich oberflächliches Urteil anmaßt. Er unterstellt – allerdings in dieser Wahrnehmung gewissermaßen gelenkt durch die Sorge seiner Mutter, die er und Moritz (S. 32, Z. 3f.) sich wohl nur so erklären können –, dass das Interesse, das dieser Teil des Dramas findet, vor allem in der allgemeinen Fixierung auf Sexuelles begründet ist; die „Erhabenheit" des übrigen Werks begründet er nicht näher (S. 32).

Die Spekulationen, die Melchior über Faust und Gretchen anstellt, können nicht eigentlich überraschen, denn Melchior ist erst 14 Jahre alt. Tief in ein Werk wie Goethes *Faust* einzudringen, fällt in diesem Alter noch schwer. Stellen wie diese, welche zeigen, dass die Jugendlichen sich während der für sie schwierigen Phase der Pubertät gerne in gewählten Formulierungen und Meinungen über anspruchsvolle Themen ergehen, gibt es mehrfach in *Frühlings Erwachen.* Wenn man an die Gespräche über Fragen der Geschlechtlichkeit (I, 1) und über den Egoismus (I, 5) sowie an die Tiraden des masturbierenden Hänschen Rilow über Gestalten der Mythologie (II, 3) denkt, dann wird klar, dass Wedekind die Jugendlichen so darstellt, wie sie sind, nämlich noch unterwegs, noch in der Entwicklung, noch pendelnd zwischen Renommieren und Resignieren. Den Blick darauf soll nicht zuletzt der „unbekümmerte Humor"[23] lenken, der in beinahe jeder Szene zu entdecken ist.

Ein dramaturgischer Grund für den Disput über die Gretchen-Tragödie in der interpretierten Szene II, 1 ist darin zu sehen, dass damit auf Wendlas späteres Schicksal angespielt wird. So wie Gretchen wird auch sie das Opfer einer ungewollten und von der Gesellschaft nicht tolerierten Schwangerschaft.

Dieser Szene kommt deshalb eine besondere Bedeutung zu, weil in ihr viele der Themen und Probleme konzentriert zur Sprache kommen, welche die Gedanken und Gefühle der jungen Leute bedrängen: die existenzielle Wichtigkeit des Fortkommens in der Schule, deren inhumaner Umgang mit den Schülern, die *Faust*-Lektüre und das Märchen von der „Königin ohne Kopf" (gleichsam als Vorausahnungen des kommenden Geschehens) sowie die sexuelle Erfüllung als „Inbegriff aller irdischen Seligkeit" (Moritz) oder auch nur als Lohn der eigenen Bemühungen (Melchior). Die Szene II, 1 veranschaulicht damit in herausgehobener Weise die Absichten, welche Wedekind bei der Niederschrift des Stücks geleitet haben.

Wirkungsgeschichte und literaturgeschichtliche Zuordnung

In den ersten 15 Jahren nach seinem Erscheinen im Jahre 1891 war *Frühlings Erwachen* als Buch wenig erfolgreich. Immerhin kam es aber 1894 und 1903 zu einer zweiten und einer dritten Auflage. Auf der Bühne trat das Stück hingegen bis 1906 überhaupt noch nicht in Erscheinung. Die wesentlichen Gründe für die Zurückhaltung des Publikums bestanden einmal darin, dass das literarische Interesse an Kindheit und Jugend und somit an eigenständigen jugendlichen Dramenfiguren sich erst in seiner Anfangsphase befand; zum anderen wurde das Werk Wedekinds als Provokation für das moralische Empfinden angesehen und der Autor von der sittenstrengen bürgerlichen (eigentlich: kleinbürgerlichen) Gesellschaft als Skandalautor abgestempelt.

Camilla Eibenschütz, die Wendla der Uraufführung von „Frühlings Erwachen"

Doch mit der von Max Reinhardt geleiteten **Berliner Uraufführung von 1906** stellte sich endlich der Erfolg ein, obwohl oder gerade weil die **Zensur** das Stück um einige ‚anstößige' Stellen kürzte (Schülergespräche über Geschlechtliches sowie II, 3, III, 4 und III, 6). In der Folge wurde

Frühlings Erwachen ein fester Bestandteil der Spielpläne von vielen deutschsprachigen Bühnen. Die rein statistische Bilanz von 1980 (211 Inszenierungen und 2542 Vorstellungen) ließ es gerechtfertigt erscheinen, das Stück als eines der „erfolgreichsten neueren deutschen Dramen" zu bezeichnen.[24]

Mit der Konzeption der Uraufführung war Wedekind nicht ganz einverstanden, obwohl er mit dem Regisseur Max Reinhardt insgesamt gut zusammenarbeitete. In seinen unter dem Titel *Was ich mir dabei dachte* (1911) zusammengefassten Notizen stellte er fest:

> *Während der Arbeit bildete ich mir etwas darauf ein, in keiner Szene, sei sie noch so ernst, den Humor zu verlieren. Bis zur Aufführung durch Reinhardt galt das Stück als reine Pornographie. Jetzt hat man sich dazu aufgerafft, es als trockenste Schulmeisterei anzuerkennen. Humor will noch immer niemand darin sehen.*[25]

Seinen **Ruf als Skandalstück** behielt das Werk noch eine ganze Weile. Zwar war dies dem Verkauf förderlich, aber es kam auch immer wieder zum Verbot von Aufführungen (so unter anderem in München und Königsberg) und die nicht verbotenen Inszenierungen mussten sich nach wie vor die Streichung von Szenen und Szenenausschnitten gefallen lassen. Erst 1924, also 18 Jahre nach der Uraufführung, wurde *Frühlings Erwachen* am Dresdener Alberttheater erstmals unverändert aufgeführt.

Respekt verdiente unter diesen Umständen das Preußische Oberverwaltungsgericht, das bereits 1912 ein Aufführungsverbot (wohl dasjenige in Königsberg) aufhob, und zwar mit der Begründung, dass das Stück das Publikum nicht zu „Anstößigkeiten anrege, sondern dass die dargestellten menschlichen Schicksale durchaus Mitleid erweckten".[26]

Bei der Theater- und Literaturkritik fanden das Stück und seine Inszenierungen eine unterschiedliche, insgesamt aber positive

Resonanz. Die folgenden Zusammenfassungen einiger Kritiken und Zitate lassen deutlich erkennen, dass sich auch die Geister der Fachleute an dem in mehrfacher Hinsicht singulären Stück schieden und scheiden.

- **Siegfried Jacobsohn** hielt in seiner Rezension der Uraufführung von 1906 nicht nur die ohnehin gestrichenen Szenen für entbehrlich, sondern hätte auch gerne noch auf die Szenen III, 1 (Lehrerkonferenz) und III, 2 (Beerdigung) verzichtet, weil darin „der dichterische Wille entweder zu realistischer Gestaltung gehaßter Menschen oder zu karikaturistischer Verzerrung verachteter Kreaturen nicht klar und nicht schöpferisch wird." Dagegen habe das Stück als „lyrische Tragödie der Jugend" so gut wie alle Erwartungen erfüllt.[27]
- **Alfred Kerr** (1906), bekannt für seine scharfzüngigen Kritiken, äußerte sich lobend über das Stück, missbilligte aber das „Moritatenhafte" sowie die zahlreichen Kürzungen bei der Uraufführung. „Ich finde hier bei Wedekind, wie immer, Abersinniges und (wenn seine Leistung stockt) Dilettantisches. Daneben fast shakespearische Verknüpftheit mit dem deutschen Gretchendichter."[28]
- **Paul Goldmann** (1906): „*Frühlings Erwachen* ist also als dramatisches Werk völlig unzureichend. Das Stück genügt nicht einmal primitiven dramatischen Anforderungen."[29]
- **Karl Kraus** druckte 1908 in seiner Zeitschrift *Die Fackel* ein Gedicht des österreichischen Novellisten **Oskar Jellinek** ab, in dem dieser sich euphorisch über den Tabubruch durch Wedekinds Stück äußerte:
  Und nun kamst Du*! Mit dichterstarken Händen*
  Rissest die Lügenhülle Du herab,
  Um den Erwachenden den Trost zu spenden,
  Den niemals so noch ein Erwachter gab.[30]
- **Julius Bab** (1913): „Wedekinds ewiges Thema ist ja der Befreiungskampf der Instinkte, der Ansturm der sinnlichen

Gewalten gegen alle Fesseln der Zivilisation und Moral. Der Mensch, der sich finanziell und vor allem sexuell ‚durchsetzt', oder dem dies zufolge ideologischer Hemmungen mißlingt – das ist sein Thema."[31]

- **Bernhard Diebold** (1921): „Wedekinds Drama galt der Jugend, die in erster Tragik zwischen Körper und Seele steht, die in Pubertät zum Frühling ihres Leibes aufwacht und fragend vor der Triebwelt erschauert, doch schweigen muß vor menschenvergessenen Lehrern, von Scham geschlagen vor dem Blick der Keuschheitspedanten. Das bäumte den Dichter zum Haß auf, zum Haß aus Liebe."[32]
- **Artur Kutscher** (1922 ff.): „Im übrigen aber ist die Tendenz [...]: Achtung vor der Natur, ihrer Reinheit und Kraft, Liebe zum Leben, seiner Größe und Freiheit. So kann Wedekind der Vorwurf nicht treffen, er habe sein Thema negativistisch behandelt; jede unkünstlerisch tendenziöse Benutzung aber ist vermieden."[33]
- **Lion Feuchtwanger** (1952): „Er hat ein Thema angepackt, das vor ihm niemand zu behandeln gewagt hatte und schon gar nicht auf der Bühne, die erotischen Nöte ganz junger Menschen."[34]
- Zur Bremer Inszenierung von Peter Zadek (1965) hieß es in *Theater heute:* „Wedekinds Text, ein dreiviertel Jahrhundert alt, bewährt sich glorios. Die Prüderien, Konventionalitäten, grotesken Verkalkungen der Erwachsenen erscheinen, wie sie schon Wedekind erschienen: beschränkt und in der Beschränkung lächerlich."[35]
- **Friedrich Rothe** (1969): „Die Vermummung seines *deus ex machina*, die Mystifizierung dieser Figur, erweist Wedekinds Verlegenheit, das historische Subjekt sichtbar zu machen, welches die bürgerliche Gesellschaft außer Kraft setzen und überwinden könnte. Die Möglichkeiten des Sozialismus hat er nicht als reale Perspektive gesehen."[36]

- **Manfred Hahn** (1969): „Die Szene [III,7] gibt die Grundhaltung des Mannes Wedekind und seines Werkes: Es bleibt keine andere Wahl als *ein Leben trotz allem*. Wedekind ist zu sachlich, einen arkadischen Lebenstraum des ‚natürlichen Lebens' zu entwerfen."[37]
- In einem neueren Beitrag (2003) stellt **Volker Ulrich** besonders die gesellschaftskritische Tendenz des Stücks heraus (bezogen auf die Ignoranz der Erwachsenen und die repressive wilhelminische Schule), betont aber auch die zeitlose Aktualität des zentralen Themas:
  „[...] auch heute wird es [das Stück] noch oft gespielt: Denn die Probleme der Pubertät sind ein zeitloses Thema, mögen sie heute auch auf andere Weise bedrängend erscheinen als vor 100 Jahren."[38]

Katrin Klauschke und Georg Schmikale als Wendla und Melchior in der Premiere von „Frühlings Erwachen" am 23. September 2006 im Theater im Schuppen (Theater Frankfurt, Frankfurt a. d. Oder)

Frank Wedekinds Werk lässt sich keiner literaturgeschichtlichen Epoche exakt zuordnen. In Literaturgeschichten wird der Autor oft im Zusammenhang der „Literatur um die Jahrhundertwende“ behandelt, gelegentlich erscheint auch der Begriff „Frühmoderne“. Vom Naturalismus, der letzten markanten Strömung des 19. Jahrhunderts, grenzte er sich selbst vehement ab. Er wollte keine einmaligen, durch ihr jeweiliges Milieu geprägten Gestalten auf die Bühne bringen, sondern seine Figuren als exemplarisch, beispielhaft im Negativen wie im Positiven, verstanden wissen. Dies kann in *Frühlings Erwachen* ständig festgestellt werden, so etwa bei Moritz, Frau Gabor oder Rektor Sonnenstich, um einige Extreme zu nennen. Andererseits kämpfte Wedekind konsequent für die Rechte des Individuums, was ihn auch davon abhielt, Perspektiven des Sozialismus in Erwägung zu ziehen. Zu diesen Rechten des Individuums gehört auch das Recht auf ein ungebrochenes, vitales Leben, wie es in der Botschaft des vermummten Herrn verkündet wird. Mit derartigen Forderungen näherte sich Wedekind der Philosophie Friedrich Nietzsches und dessen Lehre vom starken Leben. Diese geistige Zeitströmung der Jahrhundertwende wird als **Vitalismus** bezeichnet.

Die höchsten Barrieren für eine freie Entfaltung des Individuums sah Wedekind in den Zwängen einer engstirnigen Gesellschaft mit ihrer alle natürlichen Wünsche unterdrückenden Moral. Seine Konsequenz war eine radikale Gesellschaftskritik, aber nicht, wie es die Naturalisten vorgeführt hatten, transportiert durch die Darstellung sozialen Elends und milieubedingter Aggressionen, sondern durch die plakative, teilweise auch groteske und symbolische Zuspitzung gesellschaftlich bedingter Konflikte des Alltagslebens, wie sie sich etwa in der Konferenzszene (III,1), der Beerdigungsszene (III,2) und der Masturbationsszene (III,4) zeigen.

Die Demonstration der Eskalationen findet in Einzelbildern, den Szenen, statt, sie ergänzen sich zu einer Stationenfolge im

Leben der Protagonisten. Jedes Bild steht aber auch für sich. Diese Technik, zu der er durch den schwedischen Dramatiker August Strindberg angeregt wurde, weist Wedekind als **Vorläufer des expressionistischen Stationendramas** aus. Die makabren Szenen in *Frühlings Erwachen*, besonders die Schlussszene, weisen dagegen **bereits Merkmale des absurden Theaters** auf.

Gattungsgeschichtlicher Standort von „Frühlings Erwachen"

16. bis 19. Jh.	große Dramen von Shakespeare und Goethe *(Othello, Faust)*: Zitate, Parallelen	Spiel mit der literarischen Tradition; Distanz zur „strengen" Tragödie
frühes 19. Jh.	Georg Büchner: *Woyzeck* – offenes realistisches und sozialkritisches Drama	frühes Vorbild für Wedekind
Ende des 19. Jhs	Drama des Naturalismus: Gerhart Hauptmann	Ablehnung naturalistischer Positionen durch Wedekind (antinaturalistische Wende)
Jahrhundertwende	Zeitströmung des Vitalismus (Nietzsche)	neues Menschenbild in Wedekinds Dramen (u. a. „der vermummte Herr")
	August Strindberg: Brüche mit der Tradition; Einzelbilder und Stationen	sich zu Stationenfolgen ergänzende Einzelbilder: Übernahme durch Wedekind in *Frühlings Erwachen*
frühes 20. Jh.	expressionistisches Drama: Georg Kaiser: *Die Bürger von Calais*	Weiterentwicklung des von Wedekind übernommenen Stationendramas
ab 1930	episches Theater: Bertolt Brecht	lockere Szenenfolge, Offenheit
	Theater des Absurden	Anklänge in Szene III, 7 von *Frühlings Erwachen*

Literaturhinweise

Der Interpretationshilfe zugrunde gelegte Textausgabe

FRANK WEDEKIND: *Frühlings Erwachen. Eine Kindertragödie.* Anmerkungen von Hans Wagener. Nachwort von Georg Hensel. Stuttgart: Reclam Verlag 1971, 2000 (RUB 7951)

Weiterführende Literatur

ELM, THEO: *Das soziale Drama.* Stuttgart: Reclam Verlag 2004 (RUB 17645), S. 171 ff.

Der Verfasser bietet eine differenzierte, gut verständliche Interpretation des Stücks und berücksichtigt dabei auch geschichtliche, literaturgeschichtliche und biografische Hintergründe.

NEUBAUER, MARTIN: *Frank Wedekind: Frühlings Erwachen.* Stuttgart: Reclam Verlag 2001 (Lektüreschlüssel, RUB 15308)

Eine knappe Einführung in das Drama.

ROTH, FRIEDHELM in: JAN BERG UND ANDERE: *Von Lessing bis Kroetz.* Königstein/Taunus: Scriptor 1979, S. 104 ff.

Der Autor analysiert das Werk im Wesentlichen aus gesellschaftlicher und historischer Sicht. Nützlich ist der angefügte Materialienteil.

SEEHAUS, GÜNTER: *Wedekind.* Reinbek bei Hamburg: Rowohlt Taschenbuch Verlag 1974 und öfter (rm 50213)

Die Darstellung gibt einen Überblick über Wedekinds Lebensweg, alle wichtigen Stationen und Begegnungen sowie über die Entstehungszusammenhänge seiner Werke. Sorgfältig ausgewähltes Bildmaterial begleitet den Text.

VÖLKER, KLAUS: *Wedekind.* Velber: Friedrich Verlag 1965 (Friedrichs Dramatiker des Welttheaters, Band 7)

Neben einer verhältnismäßig kurzen, gut verständlichen Betrachtung des Stücks sind besonders die sehr informativen Abschnitte über „Zeit und Werk" sowie über das „Werk auf der Bühne" hervorzuheben.

Literaturgeschichten, die eine gute Einführung in das Stück bieten

LEIß, INGO / HERMANN STADLER: *Deutsche Literaturgeschichte in 12 Bänden.* Band 8. München: Deutscher Taschenbuch Verlag, 3. Auflage 2003, S. 246 ff.

URBANEK, WALTER: *Deutsche Literatur. Das 19. und 20. Jahrhundert.* Bamberg: Verlag C. C. Buchner 1971, S. 226 f.

Anmerkungen

1 Brief an Fritz Basil, zitiert nach HANS WAGENER: *Erläuterungen und Dokumente. Frank Wedekind: Frühlings Erwachen.* Stuttgart: Reclam Verlag 1980, S. 92 f.
2 GÜNTER SEEHAUS: Wedekind. Reinbek 1974, S. 59
3 Ebd., S. 59
4 Ebd., S. 59
5 KLAUS VÖLKER: *Wedekind.* Velber 1970, S. 13
6 Ebd., S. 13
7 WAGENER, a. a. O., S. 95 f.
8 Ebd., S. 98
9 Ebd., S. 98
10 Ebd., S. 61 ff.
11 Ebd., S. 88

12 Brief an Basil, zitiert nach WAGENER, a. a. O., S. 93
13 Vgl. THEO ELM: *Das soziale Drama*. Stuttgart 2004, S. 193
14 Vgl. ebd., S. 193
15 Vgl. ebd., S. 196
16 FRIEDHELM ROTH in JAN BERG u. a.: *Von Lessing bis Kroetz*. Königstein/Taunus 1979, S. 111
17 Vgl. JOHANN WOLFGANG VON GOETHE: *Faust I*, Studierzimmer II (Pakt)
18 Vgl. ELM, a. a. O., S. 204
19 Zitiert nach WAGENER, a. a. O., S. 95
20 Frank Wedekind: „Was ich mir dabei dachte", zitiert nach: KLAUS VÖLKER, a. a. O., S. 29
21 Vgl. ELM, a. a. O., S. 197
22 Zitiert nach SEEHAUS, a. a. O., S. 27
23 Vgl. Brief an Fritz Basil 1907
24 ROTH, a. a. O., S. 134
25 Zitiert nach ROTH, a. a. O., S. 131
26 MARTIN NEUBAUER: *Frank Wedekind: Frühlings Erwachen*. Stuttgart 2001, S. 55
27 Zitiert nach WAGENER, a. a. O., S. 114 f.
28 Zitiert ebd., a. a. O., S. 111
29 Zitiert ebd., S. 117
30 Zitiert nach NEUBAUER, a. a. O., S. 54
31 Zitiert nach WAGENER, a. a. O., S. 143
32 Zitiert ebd., S. 151
33 Zitiert ebd., S. 153
34 Zitiert ebd., S. 153
35 Zitiert ebd., S. 133
36 Zitiert ebd., S. 166
37 Zitiert ebd., S. 168
38 VOLKER ULRICH: Sonnenstich, Affenschmalz, Knüppeldick". In: *DIE ZEIT*, Nr. 41/2003

Ihre Meinung ist uns wichtig!

Ihre Anregungen sind uns immer willkommen. Bitte informieren Sie uns mit diesem Schein über Ihre Verbesserungsvorschläge!

Titel-Nr.	Seite	Vorschlag

Bitte hier abtrennen

Lernen • Wissen • Zukunft
STARK

Bitte hier abtrennen

Zutreffendes bitte ankreuzen! Die Absenderin/der Absender ist:

- ☐ Lehrer/in in den Klassenstufen: ______
- ☐ Fachbetreuer/in
  Fächer: ______
- ☐ Seminarlehrer/in
  Fächer: ______
- ☐ Regierungsfachberater/in
  Fächer: ______
- ☐ Oberstufenbetreuer/in
- ☐ Schulleiter/in
- ☐ Referendar/in, Termin 2. Staats-examen: ______
- ☐ Leiter/in Lehrerbibliothek
- ☐ Leiter/in Schülerbibliothek
- ☐ Sekretariat
- ☐ Eltern
- ☐ Schüler/in, Klasse: ______
- ☐ Sonstiges: ______

STARK Verlag
Postfach 1852
85318 Freising

19-V1P

Bitte ausfüllen und im frankierten Umschlag an uns einsenden. Für Fensterkuverts geeignet.

Kennen Sie Ihre Kundennummer?
Bitte hier eintragen.

Absender **(Bitte in Druckbuchstaben!)**

Name/Vorname

Straße/Nr.

PLZ/Ort/Ortsteil

Telefon privat **Geburtsjahr**

E-Mail

Schule/Schulstempel **(Bitte immer angeben!)**

Unterrichtsfächer: **(Bei Lehrkräften!)**

STARK Interpretationshilfen und Trainingsbände für die Oberstufe

Deutsch Interpretationen

Aehnlich:
Alle sterben, auch die Löffelstöre .... Best.-Nr. 2400621
Brecht: *Der aufhaltsame Aufstieg des Arturo Ui* .... Best.-Nr. 2400281
Brecht: *Der kaukasische Kreidekreis* .... Best.-Nr. 2400171
Brecht: *Leben des Galilei* .... Best.-Nr. 2400011
Brecht:
Mutter Courage und ihre Kinder .... Best.-Nr. 2400521
Brussig:
Am kürzeren Ende der Sonnenallee ..... Best.-Nr. 2400201
Büchner: *Dantons Tod* .... Best.-Nr. 2400121
Büchner: *Der Hessische Landbote* .... Best.-Nr. 2400461
Büchner: *Lenz* .... Best.-Nr. 2400431
Büchner: *Leonce und Lena* .... Best.-Nr. 2400261
Büchner: *Woyzeck* .... Best.-Nr. 2400042
Dürrenmatt:
Der Besuch der alten Dame .... Best.-Nr. 2400341
Dürrenmatt: *Der Verdacht* .... Best.-Nr. 2400571
Eichendorff:
Aus dem Leben eines Taugenichts .... Best.-Nr. 2400071
Eichendorff: *Das Marmorbild* .... Best.-Nr. 2400081
Fontane: *Effi Briest* .... Best.-Nr. 2400371
Fontane: *Irrungen, Wirrungen* .... Best.-Nr. 2400401
Fontane: *Frau Jenny Treibel* .... Best.-Nr. 2400611
Frisch:
Biedermann und die Brandstifter .... Best.-Nr. 2400531
Frisch: *Homo faber* .... Best.-Nr. 2400031
Frisch: *Andorra* .... Best.-Nr. 2400131
Goethe: *Faust I* .... Best.-Nr. 2400511
Goethe: *Iphigenie auf Tauris* .... Best.-Nr. 2400361
Goethe: *Gedichte (1771–1783)* .... Best.-Nr. 2400181
Goethe:
Die Leiden des jungen Werther .... Best.-Nr. 2400051
Hauptmann: *Die Ratten* .... Best.-Nr. 2400411
Hein:
Der fremde Freund/Drachenblut .... Best.-Nr. 2400061
E.T.A. Hoffmann: *Der Sandmann* .... Best.-Nr. 2400351
Horváth:
Geschichten aus dem Wiener Wald .... Best.-Nr. 2400581
Kafka: *Der Proceß* .... Best.-Nr. 2400481
Kafka: *Die Verwandlung/Das Urteil* .... Best.-Nr. 2400141
Keller:
Romeo und Julia auf dem Dorfe .... Best.-Nr. 2400321
Kerner: *Blueprint. Blaupause* .... Best.-Nr. 2400391
Kleist: *Der zerbrochne Krug* .... Best.-Nr. 2400541
Kleist: *Die Marquise von O.* .... Best.-Nr. 2400471
Kleist: *Michael Kohlhaas* .... Best.-Nr. 2400111
Koeppen: *Tauben im Gras* .... Best.-Nr. 2400641
Lessing: *Emilia Galotti* .... Best.-Nr. 2400191
Lessing: *Nathan der Weise* .... Best.-Nr. 2400501
Th. Mann: *Der Tod in Venedig* .... Best.-Nr. 2400291
Th. Mann: *Tonio Kröger/ Mario und der Zauberer* .... Best.-Nr. 2400151

Musil: *Die Verwirrungen der Zöglings Törleß* .... Best.-Nr. 2400561
Schiller: *Don Carlos* .... Best.-Nr. 2400162
Schiller: *Kabale und Liebe* .... Best.-Nr. 2400231
Schiller: *Die Räuber* .... Best.-Nr. 2400421
Schiller: *Maria Stuart* .... Best.-Nr. 2400271
Schlink: *Der Vorleser* .... Best.-Nr. 2400102
Schneider: *Schlafes Bruder* .... Best.-Nr. 2400021
Schnitzler: *Traumnovelle* .... Best.-Nr. 2400311
Sophokles: *Antigone* .... Best.-Nr. 2400221
Storm: *Der Schimmelreiter* .... Best.-Nr. 2400381
Süskind: *Das Parfum* .... Best.-Nr. 2400091
Timm:
Die Entdeckung der Currywurst .... Best.-Nr. 2400301
Vanderbeke: *Das Muschelessen* .... Best.-Nr. 2400331
Wolf: *Kassandra* .... Best.-Nr. 2400601
Wolf: *Medea. Stimmen* .... Best.-Nr. 2400551
Wedekind: *Frühlings Erwachen* .... Best.-Nr. 2400491
Zweig: *Schachnovelle* .... Best.-Nr. 2400441

Deutsch Training

Dramen analysieren u. interpretieren .. Best.-Nr. 944092
Erörtern und Sachtexte analysieren ..... Best.-Nr. 944094
Gedichte analysieren und interpretieren .... Best.-Nr. 944091
Epische Texte analysieren und interpretieren .... Best.-Nr. 944093
Abitur-Wissen
Erörtern und Sachtexte analysieren ..... Best.-Nr. 944064
Abitur-Wissen Textinterpretation .... Best.-Nr. 944061
Abitur-Wissen
Deutsche Literaturgeschichte .... Best.-Nr. 94405
Abitur-Wissen
Prüfungswissen Oberstufe .... Best.-Nr. 94400
Kompakt-Wissen Rechtschreibung .... Best.-Nr. 944065

(Bitte blättern Sie um)

Englisch Interpretationen

Albee:
Who's afraid of Virginia Woolf? .... Best.-Nr. 2500101
Atwood: *The Handmaid's Tale* .... Best.-Nr. 2500181
Auster: *Moon Palace* .... Best.-Nr. 2500031
Boyle: *The Tortilla Curtain* .... Best.-Nr. 2500131
Bradbury: *Fahrenheit 451* .... Best.-Nr. 2500141
20th Century English Short Stories .... Best.-Nr. 2500151
Fitzgerald: *The Great Gatsby* .... Best.-Nr. 2500191
Golding: *Lord of the Flies* .... Best.-Nr. 2500051
Hornby: *About a Boy* .... Best.-Nr. 2500201
Ishiguro: *The Remains of the Day* .... Best.-Nr. 2500171
Lessing: *The Fifth Child* .... Best.-Nr. 2500071
Lodge: *Changing Places* .... Best.-Nr. 2500091
MacLaverty: *Cal* .... Best.-Nr. 2500161
Priestley: *An Inspector Calls* .... Best.-Nr. 2500081
Russell: *Educating Rita* .... Best.-Nr. 2500061
Salinger: *Catcher in the Rye* .... Best.-Nr. 2500111
Shakespeare: *Macbeth* .... Best.-Nr. 2500011
Shakespeare: *Romeo and Juliet* .... Best.-Nr. 2500041
Shaw: *Pygmalion* .... Best.-Nr. 2500121
Shepard: *True West* .... Best.-Nr. 2500211
Williams: *A Streetcar Named Desire* ..... Best.-Nr. 2500221

Englisch Training

Übersetzungsübung .... Best.-Nr. 82454
Grammatikübung .... Best.-Nr. 82452
Themenwortschatz .... Best.-Nr. 82451
Grundlagen, Arbeitstechniken und
Methoden mit CD .... Best.-Nr. 944601
Sprachmittlung .... Best.-Nr. 94469
Sprechfertigkeit mit CD .... Best.-Nr. 94467
Abitur-Wissen
Landeskunde Großbritannien .... Best.-Nr. 94461
Abitur-Wissen Landeskunde USA .... Best.-Nr. 94463
Abitur-Wissen
Englische Literaturgeschichte .... Best.-Nr. 94465
Kompakt-Wissen Abitur
Themenwortschatz .... Best.-Nr. 90462
Kompakt-Wissen Grundwortschatz ...... Best.-Nr. 90464
Kompakt-Wissen Kurzgrammatik .... Best.-Nr. 90461
Kompakt-Wissen Abitur
Landeskunde/Literatur .... Best.-Nr. 90463
Kompakt-Wissen Abitur – Ausgabe NRW
Landeskunde/Literatur .... Best.-Nr. 50463

Latein Training

Abitur-Wissen
Lateinische Literaturgeschichte .... Best.-Nr. 94602
Abitur-Wissen Prüfungswissen Latinum Best.-Nr. 94608
Kompakt-Wissen Kurzgrammatik .... Best.-Nr. 906011

Französisch Interpretationen

Camus: *L'Etranger/Der Fremde* .... Best.-Nr. 2550041
Sartre: *Huis clos/*
Geschlossene Gesellschaft .... Best.-Nr. 2550051

Französisch Training

Landeskunde Frankreich .... Best.-Nr. 94501
Themenwortschatz .... Best.-Nr. 94503
Literatur .... Best.-Nr. 94502
Textarbeit Oberstufe .... Best.-Nr. 94504
Sprachmittlung · Übersetzung .... Best.-Nr. 94512
Abitur-Wissen
Französische Literaturgeschichte .... Best.-Nr. 94506
Kompakt-Wissen Abitur
Themenwortschatz .... Best.-Nr. 945010
Kompakt-Wissen Kurzgrammatik .... Best.-Nr. 945011
Kompakt-Wissen Grundwortschatz ...... Best.-Nr. 905001

Spanisch

Kompakt-Wissen Abitur
Themenwortschatz .... Best.-Nr. 945401

Fachübergreifend

Richtig Lernen – Tipps und
Lernstrategien für die Oberstufe .... Best.-Nr. 10483
Referate und Facharbeiten
für die Oberstufe .... Best.-Nr. 10484
Training Methoden – Meinungen äußern,
Ergebnisse präsentieren .... Best.-Nr. 10486

Bestellungen bitte direkt an:

STARK Verlagsgesellschaft mbH & Co. KG · Postfach 1852 · 85318 Freising
Tel. 0180 3 179000* · Fax 0180 3 179001* · www.stark-verlag.de · info@stark-verlag.de
*9 Cent pro Min. aus dem deutschen Festnetz, Mobilfunk bis 42 Cent pro Min.
Aus dem Mobilfunknetz wählen Sie die Festnetznummer: 08167 9573-0

Lernen · Wissen · Zukun
STARK

19-V1P